Einsterns Schwester

2

Lesebuch

Herausgegeben von
Roland Bauer, Jutta Maurach

Erarbeitet von
Martina Schramm, Susanne Semelka

Cornelsen

Lesebuch

Herausgegeben von:	Roland Bauer, Jutta Maurach
Erarbeitet von:	Martina Schramm, Susanne Semelka
Begutachtung:	Katrin Bertram (Mühlenbeck), Angelika Fischer (Weiterstadt), Claudia Hoeschen (Kappeln)
Redaktion:	Sabine Gerber
Illustration:	Yo Rühmer, Frankfurt am Main
Umschlaggestaltung:	Cornelia Gründer, agentur corngreen, Leipzig
Layout und technische Umsetzung:	Marina Goldberg

www.cornelsen.de

1. Auflage, 2. Druck 2018

Alle Drucke dieser Ausgabe sind inhaltlich unverändert
und können im Unterricht nebeneinander verwendet werden.

© 2017 Cornelsen Verlag GmbH, Berlin

Druck: Mohn Media Mohndruck, Gütersloh

ISBN 978-3-06-084142-4 (Lesebuch)
ISBN 978-3-06-084167-7 (E-Book Lesebuch)

PEFC zertifiziert
Dieses Produkt stammt aus nachhaltig
bewirtschafteten Wäldern und kontrollierten
Quellen.
www.pefc.de

PEFC
PEFC/04-31-1033

Inhaltsverzeichnis

⭐ 1 Verse, Rätsel, Spielereien

⭐ 2 Kunterbunte Märchenwelt

⭐3 Wissenswertes und Erstaunliches

⭐4 Lauter tolle Geschichten

5 Das Jahr ist wie ein Buch

 ## Gedicht von den Gedichten

Manche Gedichte sind winzig klein,
können kleiner als Ameisen sein.

Manche Gedichte sind riesengroß,
größer als Elefantenpopos.

Manche Gedichte sind leise wie Schnee
oder wie Sonnenlicht auf dem See.

Manche Gedichte sind lauter als laut,
wie wenn ein Riese auf Trommeln haut.

Manche Gedichte sind kurz wie ein Floh,
aber sie beißen auch ebenso.

Manche Gedichte sind lang wie ein Fluss,
du treibst auf ihnen voller Genuss.

Manche sind eng und manche sind weit.
Manche Gedichte brauchen viel Zeit.

Manche Gedichte entstehen im Nu.
Welche Gedichte liebst du?

Georg Bydlinski

Manche Gedichte nehmen kein Ende. Sie schlängeln sich überall durch das Gelände.

 Lies die Strophen abwechselnd mit einem Partnerkind.

⭐ Erzählen

Ich erzähle dir eine kleine Geschichte,
in deinem Herzen wird sie zur Welt.
Ich erzähle dir eine Geschichte aus Silber,
in deinem Köpfchen wird sie zu Gold.
Ich erzähle dir von einem Sandkorn,
in deinen Gedanken wird eine Perle daraus.
Ich erzähle dir eine Geschichte von Samen:
Sie blühen auf
und werden zu einem Garten.

Max Kruse

★ A wie Apfelkuchen

A das ist ein Apfelkuchen,

B der wollte ihn besuchen,

C möcht ihn nach China schicken,

D vor Freude an sich drücken,

E wollte ihn gern essen,

F ein Stückchen fressen,

G will ihn dem Kindlein geben,

H ihn in die Höhe heben,

I J möchten nach ihm jagen,

K kriegt ihn beim Kragen,

L mag ihn gern leiden,

M muss stets ihn meiden,

N will sich den halben nehmen,

O sagt: O, du musst dich schämen,

P will ihn gleich packen,

Q fängt an zu quaken,

R fängt an zu rufen,

S beginnt zu suchen,

T darf ihn dann tragen,

U will ihn umrennen,

V will ihn verbrennen,

W will das nicht wagen.

Schließlich aber tragen

ihn auf einem Kuchenbrett

XY und **Z**.

unbekannter Autor

 Was könnten die Buchstaben noch mit dem Apfelkuchen tun?

 **A wie**

AMEISEN

Ammmmmmmmmmmmmmmmm

mmmmmmmmmmeisen   krabbeln auf

T i SCH
E
N

ä N K E
B   N

S
T Ü L E
H   N

R ä   N
H C   K E
   S   N

finden ein paar Körner
von meinem Kakao
und tragen sie zum

A
mmm
mmmmmmm
mmmmmmmmm
mmmmmmmmmmmm
mmmmmmmmmmmmmeisenbau.

Gerald Jatzek

⭐ Sich mögen

Mädchen:

„Ich mag dich."

„Ich mag dich sehr."

„Ich mag dich sehr gut."

„Ich mag dich sehr gut riechen."

Junge:

„Ich mag dich auch."

„Ich mag dich auch sehr."

„Ich mag dich auch sehr gut."

„Ich mag dich auch sehr gut leiden."

Mädchen:

„Nein, ich mag dich doch nicht."

„Ich mag dich doch nicht sehr."

„Ich mag dich doch nicht sehr gern."

„Ich mag dich doch nicht sehr gern vermissen."

Junge:

„Ich mag dich gar nicht."

„Ich mag dich gar nicht sehr."

„Ich mag dich gar nicht sehr gern."

„Ich mag dich gar nicht sehr gern entbehren."

Hans Manz

AM GLÜCKLICHSTEN

GLÜCKLICHER

GLÜCKLICH

TRAURIG

SEHR TRAURIG

SEHR SEHR TRAURIG

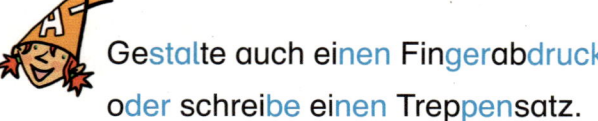

Gestalte auch einen Fingerabdruck oder schreibe einen Treppensatz.

✦ Lauter Fragen

Reden Bäume
wenn sie rascheln?
Wie lang bleib ich klein?
Putzt ein Tausendfüßler Zähne
5 und wenn ja
auf welchem Bein?
Bin ich traurig
weil ich weine
oder ist es andersrum?
10 Woher hat Opa Gallensteine*?
Wer macht die Bananen krumm?
Womit schnurrt mein schwarzer Kater?
Ist der Mond aus Licht gemacht?
Wie kommt die Zahncreme in die Tube?
15 Schläft die Sonne in der Nacht?
Wohin gehen die Gedanken
wenn man sie gedacht?
Bin ich echt und wahr und wirklich
oder träum ich
20 mich?

Edith Schreiber-Wicke

... alles nur gelogen!

⭐ **A**m Brunnen vor dem Tore,
da steht ein Birnenbaum,
der trägt so süße Äpfel,
man sieht die Pflaumen kaum.

unbekannter Autor

⭐ **E**ine Kuh, die saß im Schwalbennest
mit sieben jungen Ziegen,
die feierten ihr Jubelfest
und fingen an zu fliegen.
Der Esel zog Pantoffeln* an,
ist übers Haus geflogen,
und wenn das nicht die Wahrheit ist,
so ist es doch gelogen.

Gustav Falke

⭐ **D**rei Hasen
tanzen im
Mondschein im
Wiesenwinkel
am See:
Der eine ist
ein Löwe,
der andere
eine Möwe,
der dritte ist ein Reh.

Christian Morgenstern

 Welches Lügengedicht gefällt dir am besten? Trage es vor.

1

⭐ **Geklaute Buchstaben!**

In unsrem Alphabet
ja wirklich alles steht –
doch würd man Buchstaben stehlen,
würd dann etwas fehlen?

Ohne das **B** von **BALL**
schaun Fußballer blöd ins …

Deine feine
KUSCHELDECKE
wär ohne
D 'ne …

Ohne **H**, da wär ein **HOCKER**
eine Farbe namens…

Dein **SCHLAFANZUG** ohne **L**,
wäre er ganz schnell?

Hätt man beim **EIS**
das **S** vergessen,
was würdest du
stattdessen essen?

Ein **HOCHHAUS** ohne **U**,
was wäre es im Nu?

Horst Klein

★ Lili Laus

Lili Laus
lief ums Haus,
war verwirrt,
hat sich verirrt,
woll'n wir wetten,
ich kann sie retten.

★ Das Stachelschwein

Ganz allein
auf einem Bein
hüpfet fein
im Mondenschein
ein Stachelschwein
zur Tür herein.

★ Wettrennen

Kleine Hennen,
fette, nette,
heute rennen
um die Wette.

Kleine Hennen,
leise schnaufen,
wollen pennen,
nicht mehr laufen.

★ Hasenjagd

Sieben will der Jäger fangen,
sieben Hasen sehn's mit Bangen*:
Das Wuschelhäschen.
Das Puschelschwänzchen.
Das Knabbermöhrchen.
Das Schlabberöhrchen.
Das Schnuppelnäschen.
Das Knuppelhäschen.
Da kräht der Hase Trippeltrap:
„Leute kommt, wir hauen ab!"

Cornelia Nitsch

⭐ Welcher Hahn kräht nicht?

der Wasserhahn

⭐ Oberhoppel Hoppelhase hoppelt in dem Stoppelgrase,
hoppelt in das Hasenhaus und du bist raus.

⭐ Der Bauer hat seinen Rasenmäher auf der Weide vergessen.
Das kleine Lamm geht hin und sagt: „Mähhhh!"
Der Rasenmäher antwortet: „Du hast mir gar nichts zu sagen!"

✴ Fingerfische

Lauter Fingerfische,
viele kleine frische,
tümpeln hier ringsum
in dem Teich herum.

Das ist
– eine Schollentante,
– ein Heringsbruder,
– ein Rotbarschfräulein,
– eine Flunderoma,
– ein Lachsbaby,
– eine Seezungendame,
– ein Seeteufelbube,
– ein Knurrhahnonkel,
– eine Seebarschschwester,
– ein Heilbuttopa.

Cornelia Nitsch

✴ Förster Franz wollte fünf
Fahrrad fahrende flinke,
flotte Füchse fangen. Aber
die fünf Fahrrad fahrenden
flinken, flotten Füchse …

Josef Guggenmos

Wie könnte es mit den Füchsen weitergehen?

Mein schönstes Wort

Mein Lieblingswort ist „NOCHMAL“. Wenn man „NOCHMAL“ sagt,
dann kann einem der Papa NOCHMAL eine Geschichte vorlesen,
oder man geht NOCHMAL ins Kino,
oder man darf NOCHMAL an den Computer,
oder man guckt NOCHMAL einen Film.
Deswegen ist „NOCHMAL“ mein Lieblingswort.

Alena Kappe, 11 Jahre

Mein Lieblingswort: „Bad“.
Ich mag das Bad, weil:
Es ist so schön warm da drin!
Es riecht so gut nach Seife!
5   Wenn ich in der Badewanne liege,
fühle ich mich sicher!
Eigentlich könnte ich da Tage drin sein!
Ich würde immer sauber sein!
Ups, ich bin ja (immer) sauber!
10 Man könnte aus dem Bad
eine Traumwelt machen!
Nur mit Pflanzen, schönen Düften und
mit dunklem Licht.
Ich könnte noch Stunden weiterträumen …

Claudia Briechle, 10 Jahre

Ich finde, „Sommerregen“ ist das schönste deutsche Wort, weil
ich es gerne lese und schreibe und weil ich den Geruch von
Sommerregen gerne mag, denn er erinnert mich an den Sommer.

Isabell Schultze, 14 Jahre

Mein Lieblingswort ist „Quatsch", weil sich
das so anhört, als würde man wo drauftreten
und das kommt an den Seiten wieder raus.

Tilman Strauch, 9 Jahre

Mein schönstes deutsches Wort ist „Libelle",
weil ich Wörter mit dem Buchstaben „l" liebe
und dieses Wort sogar drei davon hat.
Das Wort lässt sich irgendwie so leicht sprechen.
5 Das flutscht so auf der Zunge.
   Aber ich finde auch,
   dass Libellen so schön flattern
   und genau das erkennt man
   auch in dem Wort.
10 Das Wort macht, dass man
   diese Tiere von Anfang an mag
   und keine Angst vor ihnen hat.
   Würde das Tier „Wutzelkrump" oder so heißen,
   dann wäre das nicht so. Ich wüsste gerne,
15 wer sich dieses Wort ausgedacht hat.
   Der Mensch war bestimmt sehr freundlich.
   Weil das Wort das freundlichste ist, das ich kenne.

Sylwan Wiese, 9 Jahre

Finde dein Lieblingswort. Du kannst es in
besonders schöner Schrift auf ein Blatt schreiben.

⭐ Buchstabensuppe

Heut Abend zum Essen
gibt's Buchstabensuppe.

Ich schreibe STEUERMANN,
SCHIFFSJUNGE und MEER.

Mit dem Löffel mache ich
WELLEN auf dem Teller.

Mein STEUERMANN geht unter,
und ich rette ihn.

Beatriz Giménez de Ory

Dies ist das spanische Originalgedicht:

Sopa de letras

Hoy hay sopa de letras
para cenar.

Escribo TIMONEL,
GRUMETE y MAR.

Con la cuchara formo
MAREJADA en el plato.

Se ahoga mi TIMONEL,
y lo rescato.

 Finde im Originalgedicht das spanische Wort für „Steuermann".

 ## Der freche Weckdienst im Hotel

Guten Morgen. Es ist 7 Uhr, Sie wollten um 10 Uhr
geweckt werden.

Guten Morgen. Wollten Sie geweckt werden? Es ist 7 Uhr.

Guten Morgen. Es ist 7 Uhr, Sie wollten um 5 Uhr
geweckt werden.

Guten Morgen. Hatten Sie ein Taxi bestellt? Nicht! Aber es ist da.

Guten Morgen. Es ist 7 Uhr, könnten Sie sich vorstellen,
wer aus unserem Hotel ein Taxi bestellt haben könnte?

Guten Morgen. Könnten Sie mir sagen, wie spät es ist?

Guten Morgen. Es ist 7 Uhr und ich hatte nichts zu tun.
Ich dachte mir, ich wecke Sie, vielleicht könnten Sie
mich wach halten. Ich fühle mich so müde.

Guten Morgen. Es ist 7 Uhr, Sie wollten auf gar keinen Fall
vor 11 Uhr geweckt werden.

Guten Morgen. Ich habe nun Feierabend
und wollte wissen, ob ich Sie noch
wecken soll?

Erwin Grosche

⭐ Bauernregeln

Für die Arbeit auf dem Bauernhof war das Wetter
schon immer besonders wichtig.
Ob die Sonne scheint, es regnet oder schneit,
kann entscheidend für den Erfolg der Ernte sein.

5   Wenn es im Sommer zu viel regnet, kann die Ernte
verderben*, kommt dagegen gar kein Regen, kann sie auch
vertrocknen. Das wäre für den Bauern eine Katastrophe*.
Seit Jahrhunderten beobachten die Bauern deshalb das
Wetter und haben dabei viele Regelmäßigkeiten festgestellt.

10   Ihre Wettervorhersagen hielten sie in Form von Reimen fest,
die wir heute Bauernregeln nennen. Diese Regeln machen
Aussagen darüber, wie das Wetter wird und vor allem
wie es sich auf die Ernte auswirkt.
Außerdem kann man daran ablesen, welches Wetter sich
15   die Bauern zu jeder Jahreszeit wünschen.

 # Quiz mit Bauernregeln

Manche dieser Sprüche sind schon sehr alt.

Viele treffen erstaunlicherweise jedes Jahr wieder zu.

Es gibt auch lustige Bauernregeln:

„Wenn der Hahn kräht auf dem Mist,

ändert sich das Wetter oder es bleibt, wie es ist."

Welches Wetter wünschen sich die Bauern hier?

Es ist auch mehr als eine Lösung pro Frage möglich.

1. Ein Winter ohne Schnee
tut den Bäumen weh.

    a) Sonne   b) Regen   c) Schnee

2. Ein nasser und fauler März
ist der Bauern Schmerz.

    a) Sonne   b) Regen   c) Schnee

3. Regen im Mai
bringt Wohlstand* und Heu.

    a) Sonne   b) Regen   c) Schnee

4. Ist der Juni warm und nass,
gibt's viel Frucht und grünes Gras.

    a) Sonne   b) Regen   c) Schnee

5. Sturm im Dezember und Schnee,
schreit der Bauer juchhe.

    a) Sonne   b) Regen   c) Schnee

 Mach das Quiz mit einem Partnerkind.

✴ Wenn der Bär nach Hause kommt

Wenn der Bär nach Hause kommt,
dann freun sich alle sehr,
denn meistens bringt er Honig mit
und manchmal auch noch mehr.

5 Wenn der Bär sich ausruhn will,
dann legt er sich aufs Ohr.
Die Bärin holt sein Lieblingsbuch
und liest ihm daraus vor.

Wenn der Bär Bekannte trifft,
10 dann grüßt er mit dem Hut.
Die Leute fragen: „Na, wie geht's?",
und er sagt: „Danke, gut."

Wenn der Bär erzählen soll,
erzählt er tolle Sachen.
15 Manchmal etwas Trauriges
und manchmal was zum Lachen.

Wenn der Bär zum Schwimmen geht,
dann geht die Bärin mit.
Wenn einer zu Besuch da ist,
20 dann gehen sie zu dritt.

Wenn der Bär verreisen will,
dann packt er seine Taschen:
frische Wäsche, Proviant*
und allerlei zum Naschen.

25 Wenn er nichts zu fressen hat,
dann sucht der Bär sich Futter.
Und wenn er selbst nichts finden kann,
dann fragt er seine Mutter.

Manchmal ist der Bär allein,
30 dann kommt er mich besuchen.
Wir trinken ein Glas Gänsewein
und essen Marmorkuchen.

Wenn der Bär spazieren geht,
dann singt er Wanderlieder.
35 Schade ist, er kennt nur eins,
das singt er immer wieder.

Morgen wird das Wetter gut,
dann sitzt der Bär im Garten.
Er spielt mit Freunden „Fang den Hut"
40 und Domino und Karten.

Frantz Wittkamp

Reime weiter:

Wenn der Bär zur Schule geht, dann lernt er tolle Scchen.

Und in der Pause hat er Spaß, da …

2 Kunterbunte Märchenwelt

★ Märchenreise

Eine Zauberin sagte einmal zu mir:
Wünsch dir nur was, du hast Glück
und ich zaubere dich, wohin du nur willst,
auch in ganz ferne Zeiten zurück.

Ich wollte zurück in die Märchenzeit
und bekam einen Hexenbesen.
Ich sauste kopfüber in jene Welt,
wo die Märchen noch wahr gewesen.

Ich trug einen Rock aus grünem Samt*
und rote Blumen im Haar.
Ich ritt durch einen Zauberwald,
wo ich Licht in der Ferne sah.

Fredrik Vahle

 Welche Märchen kennst du?

Und du bist raus!

⭐ Ein Riese ist riesig,
ein Zwerglein ist klein.
Und wer ist der Fänger?
DU musst es sein!

⭐ Rapunzel, Rapunzel,
lass dein Haar herab!
Rapunzel, Rapunzel,
gleich schneiden wir es ab.
Im Haar war eine Laus –
und DU bist raus!

⭐ Schneewittchen, Schneewittchen
fährt auf ihrem Schlittchen.
Fährt über die Straße,
fällt auf die Nase,
fährt über Brücken,
fällt auf den Rücken,
fährt über Steine,
bricht sich die Beine.
Das Schlittchen war zu klein –
und DU musst es sein!

⭐ Rotkäppchen, Rotkäppchen
hat im Körbchen Wein und Kuchen –
und DU musst suchen!

Paul Maar

Hänsel und Gretel

Text und Melodie: Volksgut

Hän - sel und Gre - tel ver - lie - fen sich im Wald.

Es war so fins - ter und auch so bit - ter kalt.

Ka - men an ein Häus - chen von Pfef - fer - ku - chen fein.

Wer mag der Herr wohl von die - sem Häus - chen sein?

1. Hänsel und Gretel verliefen sich im Wald.
   Es war so finster und auch so bitter kalt.
   Kamen an ein Häuschen von Pfefferkuchen fein.
   Wer mag der Herr wohl von diesem Häuschen sein?

2. Hu, hu, da schaut eine alte Hexe raus!
   Sie lockt die Kinder ins Pfefferkuchenhaus.
   Stellte sich gar freundlich, o Hänsel, welche Not!
   Ihn wollt' sie braten im Ofen braun wie Brot.

3. Doch als die Hexe zum Ofen schaut hinein,
   ward sie gestoßen von unserm Gretelein.
   Hexe musste braten, die Kinder geh'n nach Haus.
   Nun ist das Märchen von Hans und Gretel aus.

⭐ Pech gehabt!

Hänsel und Gretel,
die gehen durch den Wald.
Es ist schon dunkel
und ganz empfindlich kalt.
5 Hänsel sagt zu Gretel:
„Hol doch dein Handy raus,
ruf mal bei der Hexe an
im Knusper-Knäuschen-Haus!
Sie soll die Heizung
10 schon mal eins höher drehn.
Wir sind jetzt unterwegs
und kommen gegen zehn.
Und nicht schon wieder Kekse
und Pfefferkuchen fein!
15 Wir ziehn uns lieber
zwei Currywürste rein!"

Die Botschaft kam nicht an.
Das Hexenhaus blieb kalt,
denn Gretel fand kein Handynetz
20 im tiefen, dunklen Wald.

Paul Maar

⭐ Ein sehr kurzes Märchen

Hänsel und Knödel*,
die gingen in den Wald.
Nach längerem Getrödel
rief Hänsel plötzlich: „Halt!"

Ihr alle kennt die Fabel,
des Schicksals dunklen Lauf:
Der Hänsel nahm die Gabel
und aß den Knödel auf.

Michael Ende

 Erzähle einem anderen Kind dein Märchen
von Hänsel und Gretel.

★ Das Märchen vom dicken, fetten Pfannkuchen

Haltet ihn!

Eines Tages sprang der dicke, fette Pfannkuchen der Mutter aus der Pfanne und rannte davon.

Schnell weg!

Der dicke, fette Pfannkuchen lief kantapper, kantapper aus dem Haus.

Alle folgten ihm: die Mutter, die Kinder, die Kuh, der Großvater, das Schwein, die Gans, die Katze und der Hahn.

 Wie ist es wohl mit dem Pfannkuchen weitergegangen?

⭐ Die Bremer Stadtmusikanten

Es war einmal ein Esel. Er war sehr alt und konnte
nicht mehr arbeiten. Da jagte ihn sein Herr fort.
Der Esel beschloss, nach Bremen zu gehen,
um Stadtmusikant zu werden.

5   Er traf einen Hund und fragte ihn: „Warum jaulst du denn so?"
„Wau, wau, wau! Mein Herr will mich totschlagen,
weil ich jeden Tag schwächer werde!"
„Komm mit mir! Ich gehe nach Bremen und werde Stadtmusikant."

Da trafen sie eine traurige Katze.
10   „Was hast du denn?", fragten sie diese.
„Miau, miau, miau. Meine Herrin will mich nicht mehr haben,
weil ich keine Mäuse mehr jagen kann."
„Wir gehen nach Bremen und werden Stadtmusikanten.
Komm doch mit!"

15   Da hörten sie einen Hahn schreien.
„Warum schreist du so?"
„Kikerikii, kikerikii, kikerikii! Ich schreie,
weil ich morgen in die Suppe kommen soll!"
„Dann geh doch lieber mit uns nach Bremen!
20   Wir werden Stadtmusikanten."

Zusammen machten sie sich auf den Weg.

Sie gingen durch einen dunklen Wald.
Als es Abend wurde, kamen sie an ein Haus.
Der Esel schaute durchs Fenster und sagte:
25   „Ein gedeckter Tisch! Räuber sitzen daran und
lassen es sich gut gehen.
Kommt, Freunde! Die sollen was erleben!"

Der Esel sprang mit seinen Vorderhufen auf das Fensterbrett.
Der Hund setzte sich auf den Rücken des Esels.
30 Die Katze stellte sich auf den Hund.
Und der Hahn flog auf die Katze.

Alle zusammen stürzten durch
das Fenster hinein und schrien:
„Iaaah, iaaah, iaaah,
35 die Geister sind da!"
„Wau, wau, wau,
aus uns wird keiner schlau!"
„Miau, miau, miau,
wir machen jetzt Radau*!"
40 „Kikerikii, kikerikii, kikerikii,
das kriegen wir schon hiie!"

„Hilfe! Hilfe! Gespenster!"
So schnell sie konnten, rannten
die Räuber aus dem Haus.

45 Der Esel, der Hund, die Katze und der Hahn setzten sich
an den gedeckten Tisch und ließen es sich gut gehen.
Und wenn sie nicht gestorben sind, dann schlemmen*
sie noch heute.

Brüder Grimm

 Was ist deine Lieblingsstelle in diesem Märchen?

⭐ Takke der Zauberer

Im Land von König Sip lebte einst
ein Zauberer, der Takke hieß.
Man nannte ihn Takke den Zauberer.
Er konnte zaubern, und wie!

5 Er konnte nicht nur Sachen
verschwinden lassen wie zum Beispiel
eine Warze auf deiner Nase, nein,
er konnte auch Sachen herbeizaubern.
Was immer man wollte.

10 Hatte jemand seinen Hausschlüssel verloren, ging er bei Takke
vorbei und sagte: „Hör mal, mein Schlüssel ist weg, kannst du
ihn mir schnell wieder herbeizaubern?"
Und wirklich – eine Bewegung von Takkes Hand und ein paar
seltsame Töne aus Takkes Kehle, wupsch, da lag der Schlüssel.

15 „Danke, Takke", sagte der betreffende Besucher in so einem Fall,
denn sich bei Takke zu bedanken, war wohl das Mindeste,
was man tun konnte.

Ich erinnere mich auch an einen,
der seinen Verstand verloren hatte.
20 Nun, du verstehst schon,
er hatte seinen Verstand
blitzschnell wieder zurück,
dank Takke dem Zauberer.

Armando

 Was könnte Takke für dich wieder herbeizaubern?

2

✷ (K)ein Märchen

Es war einmal an irgendeinem Ort
zu irgendeiner Zeit aus irgendeinem Grund
eine Frau, die trug auf dem Kopf
anstatt eines Hutes einen rosaroten
5   Wackelpudding. Niemand wusste wieso,
und niemand wusste weshalb.
Tagein, tagaus trug die Frau
den rosaroten Wackelpudding auf dem Kopf,
bei Regen, Schnee und Sonnenschein,
10   und so vergingen die Jahre.
Und sonst passierte eigentlich gar nichts.
Keine Hexe tauchte auf,
keine neidische Schwiegermutter,
auch keine böse Fee.
15   Ganz zu schweigen von Zwergen,
Prinzen oder einem Kater mit Stiefeln.
Nichts dergleichen.
Und wenn die gute Frau nicht gestorben ist,
so ist sie bestimmt schon sehr alt und
20   den Wackelpudding sollte lieber
niemand mehr essen.

Elisabeth Steinkellner

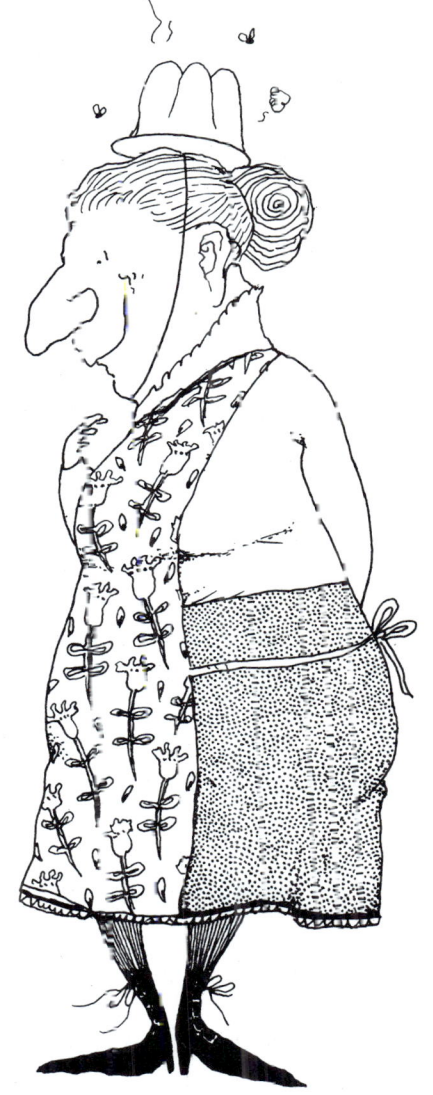

⭐ Das Märchen von der Rübe

Väterchen will im Garten eine Rübe ziehen.

Er zieht und zieht – und kann sie nicht herausziehen.

Väterchen ruft Mütterchen.

Mütterchen zieht Väterchen,

5   Väterchen zieht die Rübe.

Sie ziehen und ziehen – und können sie nicht herausziehen.

Kommt das Enkelchen.

Enkelchen zieht Mütterchen,

Mütterchen zieht Väterchen,

10   Väterchen zieht die Rübe.

Sie ziehen und ziehen – und können sie nicht herausziehen.

Kommt das Hündchen.

Hündchen zieht Enkelchen,

Enkelchen zieht Mütterchen,

15   Mütterchen zieht Väterchen,

Väterchen zieht die Rübe.

Sie ziehen und ziehen – und können sie nicht herausziehen.

Kommt das Hühnchen.

Hühnchen zieht Hündchen,

20 Hündchen zieht Enkelchen,

Enkelchen zieht Mütterchen,

Mütterchen zieht Väterchen,

Väterchen zieht die Rübe.

Sie ziehen und ziehen – und können sie nicht herausziehen.

25 Kommt das Hähnchen.

Hähnchen zieht Hühnchen,

Hühnchen zieht Hündchen,

Hündchen zieht Enkelchen,

Enkelchen zieht Mütterchen,

30 Mütterchen zieht Väterchen,

Väterchen zieht die Rübe.

Sie ziehen und ziehen – und schwupps, ist die Rübe heraus.

aus Russland

 Spiele das Märchen mit anderen Kindern nach.

Die Prinzessin auf der Erbse

Es war einmal ein Prinz, der wollte eine Prinzessin heiraten.
Aber das sollte eine wirkliche Prinzessin sein. Da reiste er
in der ganzen Welt herum, um eine solche zu finden,
aber überall fehlte etwas. Prinzessinnen gab es genug,
5 aber ob es wirkliche Prinzessinnen waren, konnte er nie
herausfinden.
Immer war da etwas, was nicht ganz in Ordnung war.
Da kam er wieder nach Hause und war ganz traurig,
denn er wollte doch gern eine wirkliche Prinzessin haben.

10 Eines Abends zog ein furchtbares Wetter auf,
es blitzte und donnerte, der Regen stürzte herab,
und es war ganz entsetzlich.
Da klopfte es an das Schlosstor und der alte König
ging hin, um aufzumachen.
15 Es war eine Prinzessin, die draußen vor dem Tor stand.
Aber wie sah sie vom Regen und dem bösen Wetter aus!
Das Wasser lief ihr von den Haaren und Kleidern herab,
lief in die Schuhe hinein und zum Absatz wieder hinaus.
Und doch sagte sie, dass sie eine wirkliche Prinzessin wäre.
20 „Ja, das werden wir schon erfahren!", dachte die alte
Königin, aber sie sagte nichts, ging in die Schlafkammer
hinein, nahm alles Bettzeug ab und legte eine Erbse
auf den Boden der Bettstelle. Dann nahm sie zwanzig
Matratzen, legte sie auf die Erbse und dann noch zwanzig
25 Daunendecken* oben auf die Matratzen. Hier sollte nun
die Prinzessin die ganze Nacht über liegen.
Am Morgen wurde sie gefragt, wie sie geschlafen hätte.
„Oh, schrecklich schlecht!", sagte die Prinzessin.
„Ich habe fast die ganze Nacht kein Auge geschlossen!
30 Gott weiß, was in meinem Bett gewesen ist.

Ich habe auf etwas Hartem gelegen, sodass ich
am ganzen Körper grün und blau bin!
Es ist ganz entsetzlich!"
Daran konnte man sehen, dass sie eine wirkliche

35 Prinzessin war, da sie durch zwanzig Matratzen und
zwanzig Daunendecken die Erbse gespürt hatte.
So feinfühlig konnte niemand sein,
außer einer echten Prinzessin.
Da nahm der Prinz sie zur Frau, denn nun wusste er,

40 dass er eine wirkliche Prinzessin gefunden hatte.
Und die Erbse kam in die Kunstkammer, wo sie noch
immer zu sehen ist, wenn niemand sie gestohlen hat.
Seht, das war eine wirkliche Geschichte!

Hans Christian Andersen

Wie kannst du am besten schlafen?

⭐ Es war einmal ein Igel

Es war einmal ein Igel
Dem wuchsen plötzlich Flügel.

Er flog, ihr glaubt es kaum
Auf einen Tannenbaum.

Dort hüpft er auf und nieder
Und singt die schönsten Lieder.

Nur morgens beim Erwacheln
Da spürt er seine Stacheln.

Franz Hohler

Ein Wort wurde verändert,
damit es sich reimt.
Findest du es?

🌟 Das Haselhuhn und die Schildkröte

„Ich bin besser dran als du", sagte das Haselhuhn zur Schildkröte.
„Ich kann rasch gehen und noch mehr – ich kann fliegen."
„Du Glückliche", antwortete die Schildkröte, „ich schleppe mich
fort, und, so gut es geht, mache ich meine Geschäfte."
5   Nun traf es sich, dass die Menschen, um zu jagen, das Gras der
Wiese anbrannten. Das wachsende Feuer engte den Kreis immer
mehr ein, die Gefahr für beide Tiere war offenkundig* und sicher.
Die Schildkröte schleppte sich in eine kleine Grube, die durch
den Fußtritt eines Elefanten ausgehöhlt war, und rettete sich so.
10 Das Haselhuhn dagegen versuchte den Flug. Aber Rauch und
Feuer ließen es herabfallen und es starb.

Wer sich allzu sehr rühmt*, bleibt bei der Probe zurück.

aus Afrika

 Nüsse und Melonen

An einem heißen Spätsommertag lag Nasreddin
unter einem Walnussbaum, genoss den kühlen
Schatten und kam ins Grübeln.

„Da drüben ist ein Feld voller reifer
5   Wassermelonen. Eine Melone größer und
saftiger als die andere", sagte er zu sich.
„Ist es nicht merkwürdig,
dass Gott so große Früchte an
einer so kleinen Pflanze auf dem Acker
10 wachsen lässt und so kleine Walnüsse
an einem riesengroßen Baum?"
In diesem Moment fiel eine Walnuss vom
Baum und traf Nasreddin auf dem Kopf.
Er rieb sich den Schädel, schaute nach oben,
15 nickte und sagte:
„Gott, du hast es schon richtig gemacht.
Wie gut, dass auf diesem Baum
keine Wassermelonen wachsen."

neu erzählt von Paul Maar

Die kleine rote Henne und die Weizenkörner

Als die kleine rote Henne nach Futter scharrte,
fand sie eines Tages ein paar Weizenkörner.
„Wer will den Weizen säen?", fragte sie.
„Ich nicht", sagte die Ente.

5 „Ich nicht", sagte der Hund.
„Ich auch nicht", sagte die Katze.
„Nun gut", sagte die kleine rote Henne,
„dann werde ich es tun."
Und sie säte die Weizenkörner aus.

10 Nach geraumer Zeit stand der Weizen hoch
und war reif.
„Wer will den Weizen schneiden?",
fragte die kleine rote Henne.
„Ich nicht", sagte die Ente.

15 „Ich nicht", sagte der Hund.
„Ich auch nicht", sagte die Katze.
„Nun gut", sagte die kleine rote Henne,
„dann werde ich es tun."
Und sie schnitt den Weizen.

20 Dann fragte die kleine rote Henne:
„Wer will nun den Weizen dreschen*?"
„Ich nicht", sagte die Ente.
„Ich nicht", sagte der Hund.
„Ich auch nicht", sagte die Katze.

25 „Nun gut, dann werde ich es tun",
sagte die kleine rote Henne und drosch den Weizen.

Als der Weizen gedroschen war, fragte sie:
„Wer will den Weizen zur Mühle bringen
und zu Mehl mahlen?"
„Ich nicht", sagte die Ente.
30 „Ich nicht", sagte der Hund.
„Ich auch nicht", sagte die Katze.
„Nun gut, dann werde ich es tun",
sagte die kleine rote Henne und
ging zur Mühle.

35 Als der Weizen zu Mehl vermahlen war, fragte sie:
„Wer will Brot backen?"
„Ich nicht", sagte die Ente.
„Ich nicht", sagte der Hund.
„Ich auch nicht", sagte die Katze.
40 „Nun gut, dann werde ich es tun", sagte
die kleine rote Henne und backte ein knuspriges Brot.

„Wer möchte Brot haben?", fragte sie dann.
„Oh, ich!", rief die Ente.
„Oh, ich!", rief der Hund.
45 „Oh, ich auch!", rief die Katze.
„Oh, nein, keiner von euch", sagte die kleine rote Henne.
Sie lockte ihre Küken herbei und teilte mit ihnen das Brot.

unbekannter Autor

 Besprich mit einem Partnerkind,
was ihr aus der Geschichte lernen könnt.

⭐ 3 Wissenswertes und Erstaunliches

⭐ Alles Familie

Nicht alle Kinder sagen zu ihren Eltern
Mama, Mami, Papa oder Papi.

Manche sagen einfach
nur den Vornamen.

Früher war es üblich,
dass die Kinder ihre Eltern
wie Fremde ansprachen.

Viele Eltern rufen ihre Kinder
auch nicht nur bei ihrem richtigen Namen.
Oft verwenden sie Kosenamen.
Die gibt man Menschen,
die man sehr lieb hat.

Alexandra Maxeiner

 Wie nennst du Mama, Papa oder weitere Mitglieder der Familie?

Schloss Moritzburg

Die Zeit der Burgen ist vorbei.
Nun werden Schlösser gebaut.
Sie sind viel prächtiger als Burgen.
Die Besitzer wollen zeigen,
wie reich und mächtig sie sind.

Das ist Schloss Moritzburg. Es gehörte
August dem Starken. Er war König von Polen
und Kurfürst* von Sachsen.

Ist ja stark! Hat er von hier aus regiert?

Nein. Schloss Moritzburg war nur sein
Jagdschloss. Nach der Jagd feierte er oft Partys
mit seinen Freunden und Bekannten.

Was? Ein ganzes Schloss nur zum Feiern?

Ja. Es hat 200 Zimmer. Dort fanden alle nach
dem Fest ein Bett: August der Starke, seine
Familie, seine Gäste und Diener.

Ein berühmter Film spielt auf Schloss
Moritzburg: „Drei Haselnüsse für
Aschenbrödel". Irgendwo hier auf der
Treppe verliert Aschenbrödel ihren Schuh.
Aber natürlich findet ihn der Prinz.

Schuhe aus Leder?
Ja, klar. Aber Leder an der Wand?
In Schloss Moritzburg haben heute
noch elf Zimmer Tapeten aus Leder.
Früher waren es mal sechzig.

Der Speisesaal ist mit 71 Geweihen von Hirschen geschmückt.
Das schwerste Rothirschgeweih der Welt ist auch dabei.
Es wiegt 20 Kilogramm – so viel wie 200 Tafeln Schokolade.

Friederike Peters

 Was hat dich in dem Text am meisten überrascht?

☆ Wer ist hier ein echter Bär?

Hier haben sich zwei falsche Tiere versteckt.

Sie heißen zwar Bär, sind aber keine Bären.

Finde die falschen Bären mit Hilfe der Checkliste.

Echte-Bären-Checkliste

- ✓ großer, kräftiger Körper
- ✓ dichtes Fell
- ✓ lange Schnauze
- ✓ Allesfresser
- ✓ große Tatzen
- ✓ lange, gebogene Krallen

Nördlicher Seebär

Wohnort: Nordpazifik
Farbe: braun, grau
Futter: Fische,
           Tintenfische
Größe: bis zu 2 Meter

Trumpf: Keiner kann so tief tauchen wie die Nördlichen Seebären. Nachts gehen sie auf Jagd und suchen Futter. Manchmal sogar 200 Meter tief.

Ich bin kein echter Bär.

Kodiakbär

Wohnort: Südalaska
Farbe: braun
Futter: Lachse, Blätter, Beeren
Größe: 2,60 Meter bis 3,00 Meter.

Trumpf: Keiner ist größer. Keiner brüllt lauter. Das ist gut, denn oft gibt es weit und breit gerade mal genug Futter für einen Bären.

Ich bin ein richtiger Bär.

Schwarzbär

Wohnort: Alaska, Nordamerika

Farbe: silbergrau, schwarz

Spitzname: Baribal

Futter: Blätter, Fleisch, Früchte und Honig

Größe: 1,30 Meter bis 1,80 Meter

Trumpf: Der Wald gehört ihnen. Schwarzbären
können klettern und in den Bäumen rumturnen.
Aber auch am Boden können sie sich gut
gegen Gefahren wehren.

Ich bin ein richtiger Bär.

Koalabär

Wohnort: Australien

Farbe: grauweiß

Futter: Eukalyptus-Blätter

Größe: 60 bis 80 Zentimeter

Trümpfe: 1. ein starker Magen: Koalas fressen
Blätter, die für alle anderen giftig sind. Danach
müssen sie lange schlafen, um sich zu erholen.
2. ein praktischer Beutel: Darin können sie ihre
Jungen bis zu ein Jahr mit sich herumtragen.

Ich bin kein echter Bär.

Kathrin Köller

⭐ Safa aus Libyen

Ich heiße Safa.
Ich bin 12 Jahre alt.
Ich komme aus Libyen, aus Tripolis.
Meine Hobbys sind Fußball und Musik.
Ich spreche Arabisch und Italienisch.

أسمي صفاء
عمري ١٢ سنة
عندي ٣ أخوات وأخ واحد
أتكلم العربية والايطالية
وهذا علم ليبيا.

Couscous كسكسي
Kartoffel بطاطا
Kichererbsen حمص
Aubergine باذنجان
Paprika فلفل
Tomaten-sauce معجون طماطم
Kürbis قرع
Fleisch لحم
Zwiebel بصل

Zucker سكر
Teekanne البراد
Teetasse طاسة الشاي
Tee شاي

In Libyen gibt es eine
besondere Art der
Teezubereitung:
Wir gießen den Tee von der
Teekanne in einen Becher
und wieder zurück, bis
Schaum entsteht.

 Yousef aus Ägypten

Das ist die ägyptische Fahne.

هذا اعلام مصر

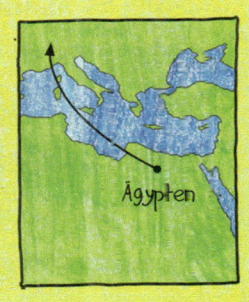

Ägypten

Ich bin Yousef.

Ich komme aus Ägypten.

Ich bin 12 Jahre alt.

Ich war 4 Jahre in Dubai.

Ich lebe jetzt in Berlin.

هذا أنا يوسف مصر العربيه المتحده

أنا من مصر

عمري ١٢ ستة

كنت في دبي ٤ سنوات

أعيش في برلين

Flugzeug طيارة   Wolke غيوم

Dubai دبي

Burjal Arab برج العرب

Ägypter مصر

Baum شجرة

Pyramide هرم

 Male und schreibe etwas zu deinem Land.

☆ Wie kommt die Mine in den Bleistift?

Eine Bleistiftmine besteht aus Ton* und
Ruß*. Diese beiden Bestandteile werden
in flüssigem Zustand gemischt.
Die schwarze Masse, die dabei
5 entstanden ist, wird dann durch enge
Düsen gepresst, und heraus kommt
ein Strang, so dick wie eine Mine.
Ordentlich werden die noch feuchten Minen auf ein Band gelegt.

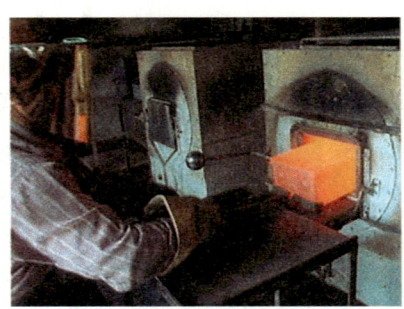

Danach in Kisten gepackt, von oben
10 beschwert, damit sie sich nicht verbiegen
können, und anschließend in einem Ofen
gebrannt. Jetzt sind die Minen schon
so hart, dass man damit schreiben kann.
Nur wie kommen sie in den Bleistift?

15 Es geht los mit jeder Menge
Brettchen. Die sehen alle gleich aus,
von oben und von unten, und sie
haben die gleiche Größe.

Hintereinander laufen sie alle unter
20 einer Fräse* durch, die auf der Oberseite
dünne Rillen in die Brettchen schneidet.
Genauso dünn,
wie eine Bleistiftmine dick ist.
In die Rillen kommt jetzt Leim.

25 Danach kommen alle Brettchen auf eine Maschine,
die gleich verschiedene Sachen macht: Sie trennt
die Brettchen und verteilt sie auf zwei Straßen.
Auf der linken Straße liegen die Brettchen mit den
geleimten Rillen nach oben. Auf der rechten Straße
30 werden die Brettchen umgedreht, sodass sie
mit den Rillen nach unten zeigen.
Anschließend werden die gebrannten Minen
in die Rillen der Brettchen gelegt.

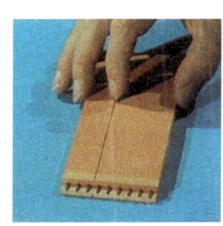

Danach legt die Maschine die Brettchen
35 von der rechten Straße oben auf die
Brettchen mit den Minen drauf. Mit dem
Leim klebt alles zusammen.

Die zusammengeleimten Brettchen laufen wieder
unter einer Fräse durch, zuerst von oben, dann von
40 unten. So kommt die sechseckige Form zustande.
Dann sind die Bleistifte fertig und voneinander
getrennt. So verlassen sie die Maschine.
Etwas fehlt aber noch: die Farbe.

Zum Lackieren werden die Stifte einfach durch
45 einen Farbtopf gedrückt.
Angespitzt werden sie auch noch. Rasend schnell,
im Vorbeifahren. Dabei drehen sich die Stifte und
das Anspitzen selbst erledigt ein sich ebenfalls
drehendes Band mit Schleifpapier*.

Armin Maiwald

Erkläre einem Partnerkind,
wie Bleistifte gemacht werden.

⭐ Was ist ein Faulpelz?

Als Faulpelz bezeichnen wir jemanden, der sich den ganzen Tag
dem Nichtstun widmet. Dieser Ausdruck stammt
aus dem 13. Jahrhundert. In der Schweiz bezeichnete
man nämlich den Schimmelpilz,
der auf faulenden Gegenständen wuchs, als Pelz.
Ein Faulpelz entsteht also, wenn etwas zu lange herumliegt!

⭐ Kann man in einem Iglu kochen?

Ein Iglu ist eine Hütte mit dicken Mauern aus Eis und
Schnee. In der Sprache der Inuit* bedeutet „Iglu" einfach
„Haus". Tatsächlich ist es in Grönland und Nordkanada
so kalt, dass die Wände der Behausung auch dann nicht
schmelzen, wenn man darin ein kleines Feuer macht.
Wenn es doch einmal zu warm wird, kann man
ein paar Löcher in die Wand bohren, damit
mehr kalte Luft hereinkommt. Die Iglus waren aber
schon immer nur Jagd- und Reiseunterkünfte.

⭐ Warum ist die Erde ein besonderer Planet?

Bisher wurde im ganzen Weltraum kein anderer Planet
gefunden, auf dem Leben existiert. Deshalb ist die Erde so wunderbar
und einzigartig. Sie hat einen idealen Abstand zur Sonne, sodass es
auf ihr nie zu heiß oder zu kalt wird. Den lebensnotwendigen
Sauerstoff* in der Luft verdanken wir den Pflanzen. Auf der Erde
gibt es zudem viel Wasser. Gute 70 Prozent unseres Blauen Planeten
sind nämlich Meere.

Sabine Landwehr

Gibt es etwas, das du schon immer
gern wissen wolltest? Forsche nach.

☀️ Helfer der Piloten: der Marshaller

Der Marshaller, das bedeutet übersetzt „Einwinker", ist
ein wichtiger Helfer für den Piloten. Er zeigt dem Piloten
vor dem Abflug den Weg zur Startbahn und nach der Landung
den Platz auf dem Vorfeld. Der Einwinker benutzt dazu
rote Kellen oder leuchtende Stäbe.
Er verwendet eine besondere Zeichensprache.
Hier siehst du einige Beispiele:

Bitte den Motor starten!
→ beide Kellen heben, die rechte
　 Kelle hin und her drehen

Bitte vorwärts rollen!
→ die Arme seitlich auf und ab
　 bewegen

Bitte nach links/nach rechts drehen!
→ den linken oder rechten Arm auf
　 und ab bewegen

Bitte den Motor ausstellen!
→ die rechte Kelle auf Höhe der
　 Schulter hin und her bewegen

Bitte stoppen!
→ beide Kellen über dem Kopf
　 kreuzen

⭐ Wann kommt die Polizei?

Bereits im Alten Ägypten vor über 2000 Jahren gab es Polizisten. Denn schon damals wollten die Menschen friedlich miteinander leben. Die Polizisten bewachten Gräber, trieben Steuern ein und sorgten für Recht und Ordnung.

5

Auch heute hat die Polizei sehr viele Aufgaben: Sie ist zur Stelle, wenn es im Straßenverkehr kracht, wenn ein Dieb jemanden ausraubt, wenn ein Kind entführt wird oder ein Mord passiert. Es gibt aber nicht nur „eine" Polizei, sondern viele unterschiedliche Abteilungen.

10

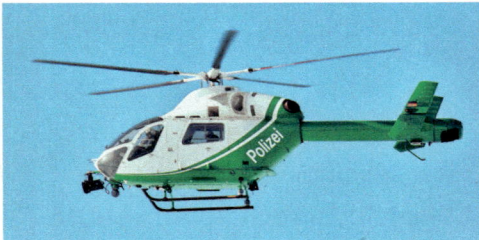

Da ist zum Beispiel die Schutzpolizei – auch Schupo genannt.
Zu den Aufgaben der Schupo gehört vor allem der Streifendienst.
Die Beamten sind zu Fuß, mit dem Funkstreifenwagen, auf dem Fahrrad oder zu Pferd unterwegs.

15

20

Eine andere Abteilung heißt Kriminalpolizei
(kurz: Kripo). Die Beamten der Kripo
verfolgen Verbrecher und klären schwere
Straftaten wie Mord, Raub und Betrug auf.

25 Bei besonders gefährlichen Einsätzen
kommt eine dritte Abteilung zum
Einsatz – die Spezialkommandos.

Übrigens: Bereits die Alten Ägypter setzten
Spezial-Polizisten ein.
30 Die Wüstenpolizei etwa begleitete Karawanen*
und schützte die Reisenden vor Raubüberfällen.

Andrea Schwendemann

 Finde im Text die Erklärungen zu den Wörtern „Schupo" und „Kripo".

Auf dem Bauernhof ist viel zu tun

Die meisten Kälber kommen nachts zur Welt.
Aber heute hat Luisa Glück.
Papa ruft sie nachmittags in den Abkalbstall*.
Im Stroh liegt ein neugeborenes Kalb.
5 Luisa und ihr Vater reiben sein Fell trocken.

In Luisas Kopf rattert es.
„Ist es weiblich oder männlich?", fragt sie.
„Ein Bullenkalb*", antwortet ihr Vater.
Luisa sagt: „Dann soll es Manuel heißen –
10 wie mein Lieblingsfußballer."

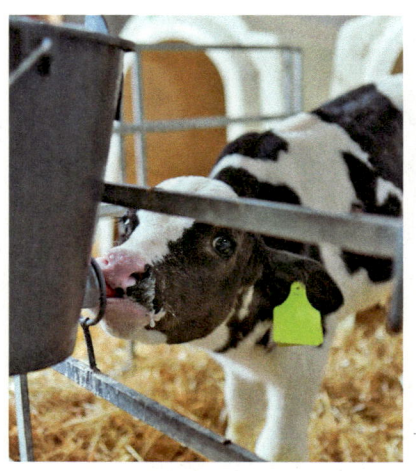

Kurz nach der Geburt werden Kuh und Kalb
getrennt. Luisa und ihr Vater bringen dem
Kalb bei, aus einem Nuckeleimer zu saufen.
Zuerst bekommt es die gemolkene Milch
15 seiner Mutter. Denn sie enthält wertvolle
Stoffe. Nach einigen Tagen verträgt das Kalb
auch andere Milch.
Sie wird aus Pulver und warmem Wasser
angerührt.

20 Eine Kuh ist etwa zwei Jahre alt, wenn sie
ihr erstes Kalb zur Welt bringt.
Danach gibt sie etwa zehn Monate Milch.
Dann hat sie eine Melkpause
bis zur Geburt ihres nächsten Kalbes.

25 Der Bulle ist das größte Tier auf dem Bauernhof.
Ein Mastbulle wird mit etwa eineinhalb Jahren
verkauft und geschlachtet. Aus seinem Fleisch werden
zum Beispiel Braten, Steaks und Frikadellen gemacht.

Die Mutter des Kalbes ist in den Stall zu den anderen Kühen
30 zurückgekehrt. Am Futtertisch fressen die Tiere
ein Gemisch aus Mais, Gras, Stroh und Kraftfutter.
Bauer Thomas schiebt das Futter mit dem Besen
nah an die Mäuler heran. Mit ihren langen Zungen
holen sich die Kühe das Futter,
35 kauen es kurz durch und schlucken es.
Die Feinarbeit machen sie später im Liegen.
Kühe kauen alles zweimal.
Deshalb heißen sie Wiederkäuer.

Brigitte Laarmann

Was weißt du noch über Kühe und
andere Tiere auf dem Bauernhof?

Kunst aus der Dose

„Ich habe 20 Jahre lang das gleiche Mittagessen
gehabt. Immer wieder das gleiche",
sagte der amerikanische Künstler Andy Warhol.
Vielleicht hat er deshalb 32 fast gleiche Bilder
5   von Dosensuppen gemacht?

Nur die Geschmacksrichtung ist
jedes Mal eine andere: Tomatensuppe,
Hühnersuppe, Erbsensuppe …
Die Suppendosen-Bilder wurden in
10   Andy Warhols erster Ausstellung gezeigt.
Nur diese Bilder – sonst nichts.

Die wenigen Besucher waren verblüfft,
manche regten sich auf. Andy Warhol
machte Suppendosen zum Kunstwerk.
15   Und die Suppendosen machten ihn
zum Star.

Pop-Kunst

Ist das Kunst? Ist Kunst nicht etwas Besonderes und
Einzigartiges? Die Kunstrichtung, die Andy Warhol
miterfunden hat, nennen wir Pop Art. Populär ist etwas,
20   das viele Menschen kennen und mögen, also gar nichts
Einmaliges. Andy Warhol arbeitete mit alltäglichen Dingen.
Er machte seine Bilder auch nicht alle selbst, sondern
hatte viele Helferinnen und Helfer. Zusammen mit seinen
Freunden gründete er die Ideen- und Kunstfabrik „Factory".

Viele Gesichter

25 Besonders bekannt sind Andy Warhols
Porträts* von berühmten Persönlichkeiten,
zum Beispiel sein Bild von Marilyn Monroe.
Dafür nahm er ein Foto von der Schauspielerin,
vervielfachte es und fügte es auf einem Blatt
30 zusammen. Dann bemalte er das Foto
mit einem Pinsel. Heute kennen mehr Menschen
dieses Bild als die Filme von Marilyn Monroe.

Extra für Kinder!

Andy Warhol mochte Kinder und
hatte selbst eine riesige
35 Spielzeugsammlung. Einmal
machte er eine eigene Ausstellung
extra für sie.
Als Motive wählte er Schiffe oder
Polizeiautos. Bei der Eröffnung
40 durften zuerst die Kinder
hineingehen. Alle Bilder hingen so niedrig, dass Kinder sie gut
anschauen konnten. Die Erwachsenen mussten sich bücken.

Andy Warhol war ein großer Sammler. Er hob
viele Sachen auf und sammelte sie in Kartons.

Eva Schermer

Vielleicht möchtest du auch eine solche Sammlung anlegen?

Du brauchst: • eine Schachtel und Farben zum Anmalen

• Erinnerungsstücke, z. B. Briefe, Kinokarten, Fotos, Muscheln

Lauter tolle Geschichten

★ Am Samstag kam das Sams

Herr Taschenbier wohnte
seit Samstag nicht mehr allein.
Am Samstag kam das Sams zu ihm.

Er hatte das seltsame Wesen
auf der Straße gefunden.
Es war klein wie ein Kind,
hatte feuerrote Haare,
eine Nase wie eine Steckdose
und viele blaue Punkte im Gesicht.

Was es mit den blauen Punkten
auf sich hatte, wusste Herr Taschenbier
noch nicht.

Herr Taschenbier wusste aber sofort,
dass dies nur ein Sams sein konnte.
Denn er hatte vorher eine merkwürdige Woche erlebt:

Am **Sonntag**
schien die Sonne

Am **Montag**
bekam er Besuch
von seinem Freund,
Herrn Mon.

Am **Dienstag**
hatte er Dienst.

Am **Mittwoch**
war Mitte der Woche.

Am **Donnerstag**
hatte es gedonnert.

Und am **Freitag**
bekam er frei.

Deshalb konnte das Wesen,
das am **Samstag** auf der Straße saß,
nur ein Sams sein.

Weil Herr Taschenbier
das Sams erkannt hatte,
sagte es „Papa" zu ihm
und zog bei ihm ein.

Seitdem machte das Sams
jeden Tag neuen Unsinn.

Paul Maar

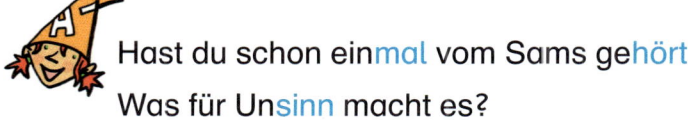

Hast du schon einmal vom Sams gehört?
Was für Unsinn macht es?

☆ Die Mutprobe

Der kleine Drache Kokosnuss und der
Fressdrachenjunge Oskar wollen heute im
Dschungel* übernachten. Sie haben schon
alles gepackt: Zelt, Schlafmatten, Schlafsäcke
5 und Taschenlampen.

Die Freunde finden einen guten Lagerplatz.
Sie bauen ihr Zelt auf und schlüpfen in die
Schlafsäcke. Draußen raschelt und knackt und
knistert und zischelt es. Was war das?
10 Die Drachenkinder leuchten mit der
Taschenlampe ins Dunkle hinaus.
Die riesigen Dschungelblätter wiegen sich
wie Ungeheuer im Nachtwind.

„Ich muss mal", flüstert Oskar.
15 „Kommst du mit?"
Kaum sind die beiden aus dem Zelt
gestiegen, da bricht ein großes
gestreiftes Tier mit Gebrüll aus
dem Unterholz hervor. Der Tiger!
20 „Hilfe!", schreit Oskar und springt
vor Schreck in Kokosnuss' Arme.

Der Tiger brummt: „Was machen denn zwei
Drachenkinder nachts im Dschungel?"
Kokosnuss antwortet mit zitternder Stimme:
25 „W-wir wollen hier übernachten."
Oskar stottert: „W-wir s-sind A-abenteurer."

„Soso, Abenteurer seid ihr", sagt der Tiger.

„Wisst ihr denn nicht, dass es im Dschungel gefährlich ist?"

„D-doch, w-wissen wir", antworten die Drachenkinder.

30 „Nun", brummt der Tiger. „Heute Nacht werde ich auf euch Acht* geben. Aber morgen geht ihr wieder zurück zu euren Eltern. Der große Dschungel ist nichts für kleine Drachen."

„E-einverstanden", sagen Kokosnuss und Oskar.

Die beiden kleinen Drachen kuscheln sich im Zelt in

35 ihre Schlafsäcke. Nun haben sie keine Angst mehr, denn der Tiger wacht die ganze Nacht über vor ihrem Zelt.

Ingo Siegner

Was denken die beiden Drachenkinder wohl im Zelt?

Was flüstern sie miteinander?

⭐ Die Hexe Lakritze

Jeden Morgen um Punkt drei
rasselt der Wecker neben Lakritzes Bett.
Der Wecker ist so groß
wie ein Suppenteller.
5 Der Zauberer Zinnobro
hat ihn Lakritze geschenkt.
Er ist Lakritzes Lehrer.

„Ich schenke dir den Wecker,
damit du nie mehr zu spät kommst",
10 hat er ihr gesagt.
Zinnobro mag es nicht,
wenn seine Schüler zu spät kommen.

Der Wecker hat drei große Läutwerke.
Unter den großen Glocken
15 sind noch vier kleine für den Notfall.
Unter den sieben Läutwerken
ist ein geheimnisvoller Schlitz.

Wenn Lakritzes Wecker rasselt,
wackelt der Nachttisch,
20 wackelt die Lampe,
wackelt der Stuhl,
wackelt die Wand,
wackelt der Fußboden,
wackelt das Bett.
25 Nur Lakritze rührt sich nicht.

Aber der Wecker kann mehr als rasseln.
Aus dem Schlitz mitten aus dem Weckerbauch
sagt eine rasselnde, quasselnde Weckerstimme:

„Es – ist – drei – Lakritz,
30 steh auf wie der Blitz.
Es – ist – drei – Lakritz,
steh auf wie der Blitz.
Es – ist – drei – Lakritz,
steh auf – wie – der Blittzzz."

35 Die Stimme zischt noch ein bisschen
im Weckerbauch z-br-br-zzz
wie ein abziehendes Gewitter,
dann verstummt sie.
Aber Zinnobros Wecker kann noch mehr!

40 Jetzt fährt aus dem Schlitz
ein Stäbchen,
wird lang und länger,
wie ein Arm,
kreist suchend über Lakritzes Gesicht,
45 senkt sich herab und presst
die grüne Nasenspitze der Hexe
zwischen zwei Metallfinger.
„Au, du Biest!", schreit Lakritze.
Sie reibt sich die Nase
50 und springt aus dem Bett.

Eveline Hasler

 Was lernt die Hexe wohl in der Schule?

⭐ Sofie will nicht fragen

Frau Heinrich sagt:
„Lest bis morgen die Seite fünfzig im Lesebuch."
Sofie hat nicht aufgepasst.
Sie denkt: „Was soll ich lesen?"

5 Als Mutter nach Hause kommt, weint Sofie.
„Was ist denn los?", fragt Mutter.
Sofie sagt: „Ich weiß nicht, was ich aufhabe."
„Dann frag doch den Olli."
„Nein!", schreit Sofie. „Der denkt dann,
10 ich bin dumm."
„Oder frag Katja."
„Ich bin doch nicht blöd.
Die will immer allein lernen."
„Ganz allein kann man nicht lernen",
15 sagt Mutter.
Sofie knallt die Tür hinter sich zu.
Aber dann läuft sie doch zu Katja.

Hier kannst du noch mehr
Geschichten mit Sofie lesen.

Sie fragt:
„Was müssen wir lesen?"
20 „Die Seite fünfzig",
sagt Katja.
Erst liest Katja.
Dann liest Sofie.
Sofie liest laut.
25 Katja liest noch lauter.
Es macht Spaß.

Peter Härtling

☆ Pekkas Wunderelf

Ich bin verliebt. In meinen neuen Fußball.
Na ja, genau genommen liebe ich es,
ihn durch die Gegend zu kicken.

Vater: Pekka, hör damit
5 *sofort* auf!

Mutter: Das gibt doch
hässliche Flecken
an den Wänden.
Geh raus, wenn du
10 Fußball spielen willst!

Allen großen Fußballern hat man am Beginn ihrer Karriere*
Steine in den Weg gelegt.

Ich spiele
in einer klasse Mannschaft,
15 und wir wollen am Ballzauberer-
Turnier* teilnehmen.
Das wird toll!
Ich trainiere jeden Tag dafür.
Leider werden nicht alle von uns
20 mitspielen können.
Dazu sind wir zu viele.
Aber *ich* bin in jedem Fall dabei.
Ich werde bestimmt
der beste Spieler des Turniers!

25 Ich verstehe immer noch nicht, was passiert ist.
    In unserer Mannschaft haben wir drei Stürmer*:
    mich und die Zwillinge Riku und Raku. Aber nur
    für zwei von uns ist Platz in der Turniermannschaft.

    Erst war noch alles gut. Der Trainer hat uns um Plastikhütchen
30 dribbeln lassen, und ich war der Schnellste.
    Dann mussten wir aufs leere Tor schießen, und ich hab
    öfter getroffen als alle anderen.

    Zum Schluss mussten wir
    den Ball auf dem Kopf
35 jonglieren*.
    Ich hab's hundertmal
    geschafft, Riku fünfzigmal
    und Raku dreißigmal.

    Die Sache war meiner Meinung nach vollkommen klar.
40 Dann gab der Trainer die Mannschaftsaufstellung bekannt.
    Neben ihm stand ein glatzköpfiger Mann mit einem großen
    Pappkarton unter dem Arm.

    Trainer: Im Sturm spielen Riku und Raku.

    Man kann nicht immer gewinnen,
45 aber verlieren ist ganz schön mies.

    Trainer: Und nun möchte ich mich
    bei Rikus und Rakus Vater dafür bedanken,
    dass er unserer Mannschaft so tolle Trikots spendiert*!

Natürlich hab ich mit meinen besten Freunden
50 über meinen Frust geredet.
Ella: Blöd gelaufen, Pekka.
Tiina: Aber wir halten zu dir.
Rambo: Soll ich jemandem
eins auf die Nase geben?
55 **Hanna:** Gründe doch einfach eine eigene Mannschaft
und nimm mit der am Turnier teil!

Ich hab mir die besten Spieler der Welt ausgesucht,
weil ich dachte, dass die alle zusammen auch
eine gute Mannschaft geben müssten.

– MESSI
– RONALDO
– MÜLLER
– IBRAHIMOVIC
– RIBERY
– NEYMAR
– LEWANDOWSKI
– BALE
– TOTTI
– BUFFON
– ICH

Lieber Herr Messi,
bitte kommen Sie und spielen in
meiner Fußballmannschaft mit. Es
ist **superwichtig**, sonst kann ich nicht
beim Turnier mitmachen und dann
kommen Onkel Remu
und Karoliina umsonst von
Australien. Das wäre
superpeinlich.
Viele Grüße Pekka
PS: Das Turnier ist am 1. Juli
Viele Grüße Pekka

60 Ich habe den ganzen Samstag versucht,
meine neuen Mannschaftskameraden
anzurufen und zum Training einzuladen,
aber ich konnte keinen von ihnen
erreichen. Es liegt wahrscheinlich daran,
65 dass ich ihre Telefonnummern nicht habe.
Und ihre Adressen kenne ich auch nicht.
Zum Glück habe ich schon eine Idee.
Ich schicke ihnen eine Flaschenpost.

Timo Parvela

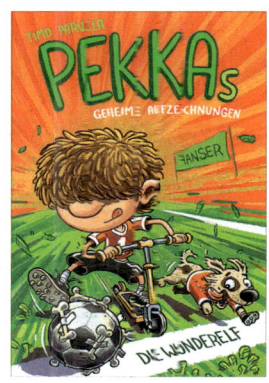

Mit welchen Sportlern wärst du gern in einer Mannschaft?
Schreibe eine eigene Liste.

⭐ Das Zebra unterm Bett

Eines Tages fand Hanna in ihrem Zimmer ein echtes Zebra.

Hanna mochte Bräuninger, das Zebra, von Anfang an. Es hatte einen ruhigen Blick und eine sanfte Stimme, es schmatzte laut beim Vertilgen* der Brote
5 und schlürfte Milch aus einer Schale, die Hanna ihm hingestellt hatte.

Hanna fasste sofort Vertrauen zu ihm. Es war, als würde sie das Zebra schon länger kennen. Sie redete von sich und ihren beiden Vätern, Papa Konrad und Papa Paul. Und von ihrer Mutter. Die war bei
10 der Geburt gestorben. Hanna hatte sie nie kennengelernt.
„Meinen leiblichen Vater auch nicht", fuhr sie fort. „Also wurde ich adoptiert! Von Papa Paul und Papa Konrad."
„Und das hat man dir alles erzählt?", fragte Bräuninger.
„Ja. Vor einiger Zeit."
15 „Und vermisst du deine Mutter?"
„Ich hab sie ja gar nicht gekannt."

Im selben Augenblick trat Papa Paul im Schlafanzug in die Küche, er blickte zu Hanna, dann zu
20 Bräuninger, und dann rief er laut ins Schlafzimmer:
„Konrad! Kommst du mal?"
„Was ist denn?", rief Hannas anderer Vater aus dem
25 Schlafzimmer zurück.
„Konrad! Bitte!", rief Paul.
„Da sitzt ein Zebra in der Küche."

„Das ist Bräuninger!", sagte Hanna zu Paul.

„Aha", sagte Paul.

30 Papa Konrad erschien müde an der Tür.

Er rieb sich die Augen.

„Was ist los?", fragte er.

„Das ist Bräuninger!", sagte Paul

und deutete auf das Zebra.

35 „Mein Freund!", fügte Hanna hinzu.

„Stimmt!", sagte Bräuninger. „Wir verstehen uns echt gut."

„Und wo kommt der her?", fragte Papa Konrad.

„Keine Ahnung!", sagte Hanna. „Bräuninger war einfach da.

Heut Morgen. Er hat bei mir übernachtet. Unterm Bett!"

40 „Ich hab sehr gut geschlafen!", sagte Bräuninger. „Nur ein

bisschen erkältet bin ich. Habt ihr Hustensaft?"

Konrad ging zum Arzneischränkchen und holte Hustensaft.

Er hielt Bräuninger einen Löffel hin. Bräuninger schlürfte

das braune Gebräu.

45 „Uaaaah!", machte er. „Pipibitter!"

„Und jetzt?", fragte Papa Paul.

„Jetzt muss ich zur Schule", sagte Hanna.

„Und Bräuninger?"

„Kommt mit!"

50 „Klar, was sonst?", seufzte Papa Paul.

Markus Orths

Markus Orths
Kerstin Meyer

Das Zebra
unterm Bett

Moritz

Stell dir vor, du hättest plötzlich ein Zebra unter dem Bett.
Schreibe auf, was ihr zusammen anstellt und wie es
mit dem Zebra weitergeht.

☀ Ein Zickzack-Typ

Den Franz stört an der Schule allerhand.
Das Lernen geht ihm zu langsam.
Vier Wochen sitzt er jetzt schon in der Schule
herum, aber schreiben kann er noch immer
5   nicht richtig.

Dauernd muss er große und kleine Kugeln malen
und lange und kurze Striche und hohe und
niedrige Wellen.
Und der Lehrer ist nicht einmal zufrieden
10   mit den Kugeln und Strichen und Wellen,
die Franz hinmalt.

„Schlampig", sagt er, wenn er
das Heft vom Franz anschaut.
Und wenn er den Franz anschaut,
15   sagt er: „Finger aus der Nase."
Der Franz hat nämlich gern den
Finger im rechten Nasenloch.

Der Herr Lehrer gefällt dem Franz überhaupt nicht!
„Der kann ja nicht einmal richtig reden",
20   beschwert sich der Franz bei seinem Papa.

Der Lehrer vom Franz redet wirklich ein bisschen merkwürdig.
Sehr kurz redet er.

HINSETZEN!
MUND ZU!
BÜCHER
RAUS!

„Hinsetzen", sagt er.

„Aufstehen", sagt er.

25 „Mund zu", sagt er.

„Hefte aufschlagen", sagt er.

„Bücher heraus", sagt er.

Der Franz ist nicht gewohnt, dass ihn jemand so anredet.

„Setzt euch hin, liebe Kinder", fände der Franz besser.

30 „Seid so lieb und steht auf", fände der Franz richtiger.

„Es wäre nett, wenn ihr still sein könntet", fände der Franz freundlicher.

„Jetzt wollen wir ein bisschen in die Hefte hineinschreiben",

fände der Franz anregender.

Und „Habt ihr Lust, ein wenig zu lesen?", fände der Franz höflicher.

35 „Der Mann ist eben ein Zickzack-Typ",

sagt der Papa vom Franz.

Dem Franz gefällt das Wort.

Er sagt immer „der Zickzack",

wenn er von seinem Lehrer erzählt.

ZICKZACK

Christine Nöstlinger

 Welche Namen hast du für Menschen, die du magst?

☀ Als Lotta einmal zum Zahnarzt musste

Ich muss noch mehr von Lotta erzählen.

Einmal nahm Mama uns mit zum Zahnarzt,
Jonas und mich und Lotta. Mama hatte gesehen,
dass Lotta in einem Zahn ein kleines Loch hatte,
5   und das sollte der Zahnarzt zumachen.

„Wenn du beim Zahnarzt ganz tapfer bist,
dann kriegst du ein Geldstück", sagte Mama zu Lotta.

Mama musste im Wartezimmer bleiben,
während wir drinnen beim Zahnarzt waren.
10 Zuerst sah er sich meine Zähne an,
aber ich hatte keine Löcher, und da durfte ich
zu Mama ins Wartezimmer gehen.
Wir mussten da ganz, ganz lange sitzen und
auf Jonas und Lotta warten und Mama sagte:
15 „Nicht zu glauben, dass Lotta gar nicht schreit!"
Nach einer Weile ging die Tür auf und Lotta kam heraus.

„Na, bist du nun tapfer gewesen?", sagte Mama.
„Doch, ja", sagte Lotta.

„Was hat der Zahnarzt gemacht?", fragte Mama.

20 „Er hat einen Zahn gezogen", sagte Lotta.

„Und du hast nicht geschrien? Oh, bist du

aber tapfer", sagte Mama.

„Nöö, ich hab nicht geschrien", sagte Lotta.

„Du bist wirklich ein tapferes Mädchen", sagte Mama.

25 „Hier hast du ein Geldstück."

Lotta nahm das Geldstück und steckte es in die Tasche

und machte ein zufriedenes Gesicht.

„Kann ich mal sehen, ob es blutet?", sagte ich.

Lotta sperrte den Mund auf, aber ich konnte nicht sehen,

30 dass ihr ein Zahn fehlte.

„Er hat ja gar keinen Zahn gezogen", sagte ich.

„Dooch … bei Jonas", sagte Lotta.

Nachher kam Jonas heraus und der Zahnarzt auch.

Der Zahnarzt zeigte auf Lotta und sagte:

35 „Bei diesem kleinen Fräulein konnte ich nichts machen,

sie wollte den Mund nicht öffnen."

„Mit diesem Kind muss man sich überall schämen",

sagte Jonas, als wir nach Hause gingen.

„Ich hab ihn doch gar nicht gekannt", sagte Lotta.

40 „Ich kann nicht bei Leuten den Mund aufsperren,

die ich nicht kenne."

Papa sagt, Lotta ist eigensinnig wie eine alte Ziege.

Astrid Lindgren

Lotta ist auch lustig wie … und einfallsreich wie …

Fällt dir da jemand ein?

Bestimmt wird alles gut

Dies ist die wahre Geschichte von Rahaf,

die ist jetzt zehn Jahre alt.

Und von ihrem Bruder Hassan, der ist jetzt neun.

Rahaf und Hassan wohnen mit Mama und Papa

5 in einem kleinen deutschen Ort.

Und natürlich wohnen auch ihre beiden

kleinen Schwestern da, Amal und Haia.

Früher haben Rahaf und Hassan in einer anderen Stadt gewohnt.

Die Stadt heißt Homs und liegt in einem anderen Land.

10 Das Land heißt Syrien.

In Homs fanden Rahaf und Hassan es schön.

Sie haben in einem großen Haus gewohnt, mit vier Stockwerken.

Ganz unten haben Oma und Opa gewohnt.

Im ersten Stock haben Onkel Ahmed und Tante Jinin gewohnt,

15 mit ihren fünf Kindern.

Im zweiten Stock haben Onkel Ziad und Tante Marwa gewohnt,

die hatten drei Kinder.

Da hatten Rahaf und Hassan acht Cousins und

Cousinen, das war gut zum Spielen.

20 Rahaf hat am liebsten mit ihrer Cousine Aycha gespielt. Aycha war genauso alt wie Rahaf. Darum sind sie sogar 25 zusammen in die Schule gegangen, in dieselbe Klasse.

Mit den anderen Cousins und Cousinen haben Rahaf und Hassan oft Verstecken

30 gespielt, auf der Straße. Das ging natürlich immer nur, bis die Flugzeuge kamen. Dann sind alle Kinder ganz schnell ins Haus gerannt.
Wenn die Flugzeuge über das Haus

35 geflogen sind, haben die Fenster gescheppert. Manche Straßen waren hinterher Trümmer und manche Menschen sind hinterher nicht mehr aufgestanden.
Das hat alles Schöne kaputt gemacht. Und immer hatten Rahaf und Hassan Angst. In Syrien ist nämlich Krieg.

40 „Wir gehen weg!", hat Papa eines Tages zu Rahaf und Hassan gesagt. „Ich möchte ein friedliches Leben für meine Kinder, in dem wir nicht immerzu Angst haben müssen.
Wir gehen in ein anderes Land."
Ein friedliches Leben fanden Rahaf und Hassan gut.

45 Aber weggehen fanden sie nicht gut.
„Und Aycha?", hat Rahaf gefragt. „Kommt Aycha auch mit in das andere Land?"
Aber Papa hat gesagt, dass Aycha nicht mitkommt.
Keiner von den anderen im Haus. Keiner von den Onkeln

50 und Tanten und Cousins und Cousinen.
Und Oma und Opa auch nicht.

Kirsten Boie

Bestimmt wird alles gut
حَتْمًا الغَدُ أَفْضَل

In diesem Buch kannst du lesen, was die Familie auf ihrem Weg nach Deutschland erlebt.

Ein Denkmal für Frau Hasenohr

Frau Hasenohr ist Noahs Lieblingslehrerin.
Darum möchte er, dass sie zu ihrem Abschied
am Ende des Schuljahres ein Denkmal
bekommt. Noah und seine Freundin Valerie
5 *machen einen Plan.*

„Dann fangen wir am besten gleich an", sagt Noah.
„Das erste Problem ist: Woraus machen wir das Denkmal?
Aus Stein? Oder aus Holz?"
„Quatsch!" Valerie schnaubt. „Das schaffen wir doch nie."
10 „Aber was nehmen wir dann?" Noah merkt, wie er mutlos wird.
„Eine Schaufensterpuppe natürlich", sagt Valerie. „Das hab ich
mir längst alles überlegt. Eine Schaufensterpuppe schaut aus
wie ein Mensch, ist so groß wie ein Mensch, und tragen
können wir sie auch."
15 „Wie ein Mensch schaut sie vielleicht aus", sagt Noah. „Aber wie
Frau Hasenohr wirklich nicht!"
„Das sind Kleinigkeiten", antwortet Valerie.
„Und woher bekommen wir
eine Schaufensterpuppe?", fragt er.
20 „Hast du vielleicht eine zu Hause?"
Valerie grinst. „Zufälligerweise ja.
Meine Mama ist Schneiderin. Und
ihre Kleider zieht sie immer zuerst
einer Schaufensterpuppe an.
25 Gut, nicht?"
„Also gut", sagt er widerstrebend. „Und
wie wird daraus Frau Hasenohr?"
„Ganz einfach", sagt Valerie.

„Wir brauchen ein paar Sachen von ihr.
30 Typische Sachen, die jeder kennt.
So wie ihre bunte Mütze."
„Die rot-grün-geringelte?"
„Ja, genau die. Oder ihr lila
Halstuch. Die graue Strickweste.
35 Und ihre Brille."
„Aber die können wir ihr doch
nicht einfach wegnehmen?"
„Können wir nicht?" Valerie grinst.
„Müssen wir aber! Sonst wird aus
40 der Schaufensterpuppe keine
Frau Hasenohr, ist doch logisch."
Noah nagt an seiner Unterlippe.
Dieser Plan gefällt ihm überhaupt nicht.
Sicher wird sich Frau Hasenohr wundern, wenn alle ihre Sachen
45 verschwinden. Sie wird sie überall suchen und die Kinder fragen,
ob sie nicht vielleicht ihre Brille gesehen hätten. Und dann soll
Noah Nein sagen? Unmöglich!
„Jetzt sei nicht so", sagt Valerie, „Frau Hasenohr sucht
ihre Sachen doch sowieso ständig. Es wird ihr also
50 gar nicht groß auffallen."

Saskia Hula

 Kennst du auch eine Person, die ein Denkmal
verdient? Male dieses Denkmal.

⭐ Knolle Murphy

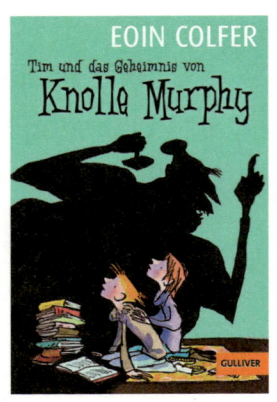

*Tim und sein Bruder Marty können es nicht fassen: Sie
sind dazu verdonnert, einen Teil ihrer Sommerferien
in der Bücherei zu verbringen. Ausgerechnet dort,
wo Knolle Murphy, die strenge Bibliothekarin* und*
5 *der Schrecken aller Kinder, unbarmherzig herrscht.
Kaum ist ein Kichern zu hören, zückt sie auch schon
ihre gefürchtete Knollenknarre.*

Drei Nachmittage in der Woche sollten wir zwei Stunden
in der Bücherei verbringen. Und so taten wir drei Mal
10 in der Woche so, als würden wir lesen.

Manchmal vergaßen wir still zu sein und dann stattete Knolle
der Kinderbuchabteilung einen Besuch ab. Sie stand da, mit
gespreizten Beinen, an ihrem Gürtel hingen die schweren Stempel.
Lautlos zog sie eine große Leselernkarte aus ihrer Tasche.
15 Auf der Karte stand das Wort „Pst!" Wir verstanden
die Botschaft. Wir durften nicht streiten,
wir durften nicht schreien, wir durften keine
lauten Körpergeräusche von uns geben.
Alles, was einem Jungen Spaß macht, war
20 uns verboten. Oh, wie war das langweilig!

Dann passierte eines Tages etwas Seltsames.
Ich tat so, als würde ich ein Buch lesen
mit dem Titel *Finn McCool, der Riese von Irland.*
Da weckte etwas meine Aufmerksamkeit. Der erste Satz der Geschichte.
25 „Finn McCool", stand da, „war der größte Riese in Irland."
Der Satz hatte was. Er klang … interessant. Ich beschloss, ein
bisschen weiterzulesen. Nicht das ganze Buch, nie im Leben.
Aber vielleicht noch ein paar Sätze.

Finn hatte ein Problem, hieß es in dem Buch.

30 Angus MacTavish, der größte Riese
in Schottland, wollte gegen ihn kämpfen.
Da konnte ich nicht mehr aufhören.
Zwei Riesen, die gegeneinander kämpften!
Vielleicht sollte ich nur herausfinden, wie es ausging.

35 Also las ich die Seite zu Ende und dann las ich
immer weiter. Und im nächsten Moment
war ich in die Geschichte von Finn McCool und
Angus MacTavish vertieft. Ich las von
Abenteuern und Magie, von Schlachten und

40 schlauen Plänen. Berge explodierten und
Zauberer erschlugen Kobolde*. Es war eine andere Welt.

„Wollen wir gehen?", sagte eine Stimme.
Ich blickte auf. Es war Mama.
„Was machst du denn hier?", fragte ich.

45 Mama hielt Einkaufstüten in den Händen.
„Was meinst du wohl, was ich hier mache?
Wir müssen los."
Ich drückte das Buch an meine Brust.
„Aber wir sind doch eben erst gekommen. Es ist erst …"

50 Ich verstummte, weil ich die Uhr an der Wand sah.
Fast zwei Stunden lang hatte ich gelesen.
Ich schaute zu Marty hinüber. Der las immer noch!
Ein Buch mit einem Bild von einem Drachen auf dem Umschlag.
Was war hier eigentlich los?

Eoin Colfer

 Wie heißt der erste Satz in deinem Lieblingsbuch?

Ottos Geheimnis

Herr Hüpfenstich ist ein freundlicher älterer Herr und
lebt in einer kleinen Wohnung ganz oben in einem
Hochhaus. Jeden Morgen steht er auf seinem
wunderschön bepflanzten Balkon und unterhält sich
5 *mit Frau Silber. Sie wohnt in der Wohnung unter ihm.*
Auf ihrem Balkon hält Frau Silber eine Schildkröte, die
sie Otto nennt und sehr liebt. Ihr einziger Kummer ist,
dass Otto so klein ist.

„Was wiegt er denn jetzt", fragte Herr Hüpfenstich.
10 „Genau vierhundert Gramm", antwortete Frau Silber,
„grad so viel wie eine große Grapefruit*."
„Na ja, Schildkröten wachsen ziemlich langsam", bemerkte
Herr Hüpfenstich, „dafür können sie hundert Jahre alt werden."
„Das weiß ich", antwortete Frau Silber, „aber ich wünsch mir
15 trotzdem so sehr, dass er ein kleines bisschen größer würde.
Er ist ein so winziges Kerlchen."

„Frau Silber", sagte Herr Hüpfenstich,
„ich weiß zufällig genau, wie man
Schildkröten schneller wachsen lassen
20 kann."
„Sagen Sie es mir!", rief Frau Silber.
„Ich flehe Sie an, verraten Sie es mir,
Herr Hüpfenstich!"
„Warten Sie hier", sagte er.
25 Nach ein paar Minuten war Herr
Hüpfenstich wieder auf dem Balkon
und hielt ein Blatt Papier in der Hand.
„Ich werde Ihnen das an einem
Bindfaden hinunterlassen."

30 Frau Silber griff nach dem Blatt Papier und
hielt es sich vor die Nase. Dann las sie das Folgende:

OTTO, MOK, OTTO, MOK!
SOL, SOL, OTTO, SOL!
EDREW SORG, SALE CHID FUA!
35 HÄLB CHID FUA,
CHAM CHID GNAL
BLÖW NED REZNAP!
UAK! SIRF! GNILSCH + KULSCH!
EDREW TEF, OTTO, TEF!
40 OTTO, MOK, OTTO, MOK –
KNIRT + SIRF TALAS!

„Was soll denn das heißen?", fragte sie. „Ist das
eine fremde Sprache?"
„Das ist die Sprache der Schildkröten", erwiderte
45 Herr Hüpfenstich. „Schildkröten können nur Wörter
verstehen, die rückwärtsgeschrieben sind.
Was Sie jetzt zu tun haben, ist Folgendes: Sie heben
Otto hoch, vor Ihr Gesicht, und flüstern ihm
diese Wörter dreimal am Tag zu. Morgens, mittags und
50 abends. Wenn Sie alles richtig machen, wette ich
mit Ihnen, dass er in ein paar Monaten doppelt
so groß ist wie jetzt."
„Versuchen werde ich's", erwiderte Frau Silber,
„versuchen werde ich alles."

Roald Dahl

Lies einem anderen Kind der Text in Schildkröten-
sprache vor – erst vorwärts und dann rückwärts.
Welches Wort bleibt immer gleich?

⭐ 5 Das Jahr ist wie ein Buch

⭐ wo ist das wurstbrot?

januar
februar
märz
april

mai
juni
juli
august

september
wurstbrot
oktober
november

dezember

Christopher Ecker

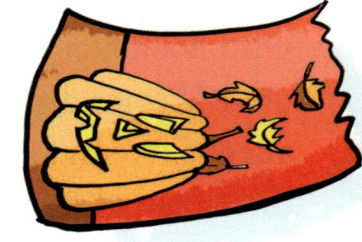

✴ Frühlingsbeginn

Nach dem Kalender beginnt der Frühling am 21. März.

An diesem Datum sind Tag und Nacht gleich lang.

Jetzt erwacht die Natur aus ihrem Winterschlaf.

Die Pflanzensäfte beginnen in den Ästen der Bäume und

5 Sträucher hochzusteigen und lassen die Knospen anschwellen.

Die ersten Blüten erscheinen an Hecken und auf Wiesen.

Die Äcker werden grün: Die im Winter gesäten Weizenpflanzen

und Rapspflanzen* fangen an weiterzuwachsen.

Das Wetter ist sehr veränderlich.

10 Regen und Sonnenschein wechseln sich ab,

es kommt sogar zu Hagel und Schneeschauern.

Durch den Regen und die Schneeschmelze kann

der Wasserpegel* von Bächen und Flüssen steigen

und es kommt zu Überschwemmungen.

⭐ Der Hase mit der roten Nase

Es war einmal ein Hase
mit einer roten Nase
und einem blauen Ohr.
Das kommt ganz selten vor.

5 Die Tiere wunderten sich sehr:
Wo kam denn dieser Hase her?

Er hat im Gras gesessen
und still den Klee gefressen.

Und als der Fuchs vorbeigerannt,
10 hat er den Hasen nicht erkannt.

Da freute sich der Hase:
„Wie schön ist meine Nase
und auch mein blaues Ohr!
Das kommt so selten vor!"

Helme Heine

 Osterüberraschung

Du brauchst:

– ein sauberes Marmeladenglas

– braunes, rotes und blaues Tonpapier

– Kleber

– einen schwarzen, wasserfesten Stift

– Süßigkeiten

So geht's:

• Schneide die Hasenohren und die Nase aus.

• Klebe die Ohren oben auf den Deckel
des Glases.

• Male die Augen und das Schnäuzchen auf
und klebe die Nase dazu.

• Fülle das Glas mit Süßigkeiten.
Nun hast du ein schönes Ostergeschenk.

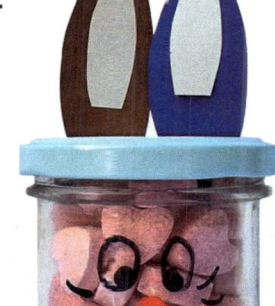

Du kannst das Gedicht von Seite 86 als Schmuckblatt
gestalten. Verschenke es mit dem gebastelten Hasen.

⭐ Ronja Räubertochter begrüßt den Frühling

Und dann brach der Frühling wie ein Jubelschrei
über die Wälder um die Mattisburg herein.
Der Schnee schmolz. In Strömen rann er
von allen Bergwänden herab und suchte sich
5 den Weg zum Fluss. Und der Fluss brauste und
schäumte mit allen seinen Strudeln und Wirbeln und
sang ein wildes Frühlingslied, das nie verstummte.
Ronja hörte es in jeder wachen Stunde und
selbst noch in den nächtlichen Träumen.
10 Der lange, schreckliche Winter war vorüber.
Und endlich konnte auch Ronja wieder in ihren Wald,
nach dem sie sich so gesehnt hatte.

Und dort war Birk. Wie er es versprochen hatte.
Er lag ausgestreckt auf einer Felsplatte in der Sonne.
15 Ronja wusste nicht, ob er schlief oder wach war,
sie nahm einen Stein und warf ihn ins Wasser
um festzustellen, ob er das Plumpsen hörte.
Er hörte es und er sprang auf und kam ihr entgegen.

„Ich warte schon lange", sagte er und wieder spürte sie,
20 wie die Freude in ihr aufflammte, die Freude darüber,
dass sie einen Bruder hatte, der sie erwartete.
Und hier war sie nun und hatte sich kopfüber
in den Frühling gestürzt. So herrlich war er um sie herum,
ja, auch sie selber war ganz erfüllt von seiner Herrlichkeit
25 und sie schrie wie ein Vogel, laut und gellend*,
bis sie es Birk erklären musste.
„Ich muss einen Frühlingsschrei schreien,
sonst zerspringe ich. Hör doch!
Du hörst doch wohl den Frühling!"
30 Eine Weile standen sie schweigend da und lauschten
dem Zwitschern und Rauschen, dem Brausen und
Singen und Plätschern in ihrem Wald.
Alle Bäume und alle Wasser und
alle grünen Büsche waren voller Leben,
35 von überall her erscholl das starke, wilde Lied des Frühlings.
„Hier stehe ich und spüre, wie der Winter aus mir herausrinnt",
sagte Ronja. „Bald bin ich so leicht, dass ich fliegen kann."

Astrid Lindgren

Was magst du am Frühling besonders?

Was der Sommer alles macht

Hast du schon daran gedacht,
was der Sommer alles macht,
was der Sommer alles kann,
heut und irgendwann?

5 Er bringt wieder Eis zum Schlecken,
Donner, Blitze, Mücken, Zecken,
Fledermäuse, Extrawurst,
Affenhitze, Riesendurst.

Regenbogen, Gartenzwerge,
10 Feriengrüße – ganze Berge.
Autofahrer stehn im Stau,
ärgern sich bald grün und blau.

Kirschen reifen, Feuerbohnen
und im Süden die Zitronen.
15 Hoch im Norden taucht ganz leis
schnell ein Eisbär unters Eis.

Kinder lässt der Sommer lachen,
weil sie wieder Ferien machen.
Manche flüchten weg vom Strand,
20 kühlen ihren Sonnenbrand.

Hast du schon daran gedacht,
was der Sommer alles macht,
was der Sommer alles kann,
heut und irgendwann?

Bernhard Lins

✸ Urlaubsfahrt

koffer koffer kindertragen
flaschen taschen puppenwagen
papa mama koffer kinder
autokarte notlichtblinker

5   früh geweckt gefrühstückt raus
winke winke schlüssel haus
autobahnen autoschlange
kinderplappern mama bange

schlange kriechen sonne heiß
10 stinken staub benzin und schweiß
stockung hunger mama brote
papa skatspiel* radio: tote

schlafen schimpfen hupen schwitzen
weiterfahren weitersitzen
15 müde mitternacht hotel pension*
dreißigtausend warten schon.

Hans Adolf Halbey

Lies das Gedicht so vor, dass man
den Urlaubsstress hören kann.

⭐ Krümel und Pfefferminz – Allerbeste Freunde

An einem freundlichen Morgen im Juni
gehen Krümel und Pfefferminz spazieren.
Sie kommen an einem schönen Weizenfeld vorbei.

Krümel, guck mal, wie der Weizen
sich im Wind wiegt!
Als ob er Tango* tanzen würde!

Oh, das hört sich schön an,
was du da sagst, Pfefferminz!
Du bist ein richtiger Dichter!

Findest du?

Absolut!
Ich habe noch nie etwas
Schöneres gehört.

Willst du nicht vielleicht ein paar Gedichte schreiben,
die du heute Abend den Waldbewohnern vorlesen kannst?
Wenn du willst, kümmere ich mich um alles.

Oh! Soll das heißen, du organisierst
einen Dichterabend extra für mich?
Glaubst du wirklich, dass ich das kann?

Natürlich, Pfefferminz!
Da gibt es überhaupt
keinen Zweifel!
Geh jetzt und hol dir deine
Ideen in unserem
wunderbaren Wald.

Wenn du wiederkommst,
liest du uns deine Gedichte vor!

Delphine Bournay

Weitere Geschichten über wahre Freundschaft
findest du in diesem Buch.

✦ Sommer im Holunderweg

„Hitzefrei!", trompeten Ida, Lennart, Malte,
Ella und Bruno lauthals, als sie mittags
durch brütende Hitze vom Schulbus,
den Holunderweg entlang,
5 ins kühle Treppenhaus stürmen.
„Das war aber auch Zeit", stöhnt Ella.
„Draußen ist es wie in einem Backofen."
„Ich dachte schon, die Rektorin hat vergessen durchzusagen,
dass hitzefrei ist", sagt Ida, „… und sitzt längst gemütlich in
10 ihrem Garten im Schatten."
„Ich brauch sofort ein Eis", jault Lennart. „Ich schmelze!"
„Und ich erst!", japst Malte. „Ich verdunste schon!"
„Wir haben jede Menge Eis", sagt Bruno und
winkt die anderen mit zu sich nach oben.
15 „Gestern kam eine neue Lieferung vom *Icefrost*-Fahrer."
„Cool", sagt Ida.
Mit hochroten Gesichtern hetzen sie die Treppe zu Bruno
nach oben in den zweiten Stock. Nicht mal Herr Schlussnuss
wagt sich bei der Gluthitze aus der Wohnung, sonst wäre er längst
20 aus der Tür geschossen und hätte sich über den Lärm beschwert.
Kurz darauf sitzen alle auf Brunos Balkon unterm Sonnenschirm
und schlecken zufrieden Eis.
„Wir fahren nachher mit den Rädern zum Erdbeerfeld",
sagt Bruno. Er kichert. „Zum dritten Mal schon diese Woche,
25 ich glaub, bei uns sind die Erdbeertage ausgebrochen."
Seit das Erdbeerfeld am Stadtrand geöffnet hat, gibt es bei Bruno
nämlich jeden Tag etwas mit Erdbeeren: Erdbeerpfannkuchen,
Erdbeermilch, Erdbeerquark, Erdbeersahnetorte … das Beste
sind die Erdbeer-Smoothies.

Martina Baumbach

★ **Leckerer Erdbeer-Smoothie**

Du brauchst für zwei Personen:

– 250 g Erdbeeren
– eine reife Banane
– 200 ml Orangensaft

So geht's:

• Die Erdbeeren waschen und
  danach das Grün entfernen.
• Die Erdbeeren in einen Mixer geben.
• Die Banane schälen, kleinschneiden und
  auch in den Mixer geben.
• Orangensaft dazugießen, alles fein pürieren und
  in hohe Gläser oder Flaschen gießen.
  Möglichst sofort servieren!

Arbeitszeit: etwa fünf Minuten

Tipp:

Besonders cremig und lecker wird der Smoothie
durch einen Schuss Kokosmilch*. (Gibt es in Dosen!)

 Findest du noch andere Erdbeer-Wörter?

★ Rätsellied

Text und Melodie: Dorothée Kreusch-Jacob

Ra - te, ra - te, wer ich bin! Hoch am

Him-mel zieh ich hin. Bin ganz weich und weiß und groß,

ra - te mal, wer bin ich bloß? Ra - te mal, wer bin ich bloß?

Rate, rate, wer ich bin!
Zieh am Himmel hoch dahin,
habe einen weißen Bauch,
und zwei Hörner hab ich auch.

Rate, rate, wer ich bin!
Zieh am Himmel hoch dahin,
erst bin ich ein Riesenberg,
dann nur noch ein kleiner Zwerg.

Rate, rate, wer ich bin!
Hoch am Himmel zieh ich hin,
bin der große weiße Bär,
treib ein Flugzeug vor mir her.

Rate, rate, wer ich bin!
Hoch am Himmel zieh ich hin,
Blauer Maler malt geschwind
Schäfchen für das Himmelskind.

Rate, rate, wer ich bin!
Hoch am Himmel zieh ich hin,
Wind bläst mir das Segel auf,
übers Wolkenmeer ich lauf.

Rate, rate, wer ich bin!
Hoch am Himmel zieh ich hin,
leer ich gleich mein Regenfass,
spritz ich dir die Nase nass!

Ich bin eine Wolke.

✸ Rätsel

Kein Mensch sieht mich kommen,

und da bin ich schon,

und bin auch im Nu wieder auf und davon.

Doch einer, der folgt mir,

der poltert und brummt,

dass alles erschrocken erstarrt und verstummt.

Blitz und Donner

Rate, rate, was ist das:

Es ist kein Fuchs und ist kein Has,

hat kein Haar und hat kein' Haut

und heult doch alleweil so laut?

der Wind

Dorothée Kreusch-Jacob

Im Spiegel – das ist meine List –

kannst du lesen, wer es ist.

✸ Verkehrte Welt

Vorigen Handschuh verlor ich meinen Herbst.

Da ging ich ihn finden, bis ich ihn suchte.

Da kam ich an eine Guckte und schlucht hinein.

Da saßen drei Stühle auf drei großen Herren.

Da nahm ich meinen guten Tag und sagte:

„Guten Hut, meine Herren!"

Da bring ich drei Paar Strümpfe auf drei Pfund* Garn*,

sie sollten morgen fertig werden,

damit ich sie heut' noch anziehen kann.

volkstümlich

Warum bekommen die Bäume im Herbst bunte Blätter?

„Zieht eure Anoraks an und setzt die Mützen auf!",
sagt Frau Schacherbauer zu den Kindern ihrer Gruppe.
„Wir wollen mit dem Bus in den Wald fahren
und Laub für unsere Blätterbilder suchen."

5 Als die Kinder raschelnd durch den Herbstwald stapfen,
meint Michael: „Die Bäume sahen aber bei unserem Ausflug
im Sommer ganz anders aus! Richtig schön grün
waren sie da, und die Sträucher hatten dichtes Laub!"
„Da konnten wir so gut Versteck spielen", erinnert sich Lukas.

10 Die Herbstsonne scheint durch das bunte Laub.
„Das sieht toll aus! Als ob die Bäume alle
einen Tuschkasten* hätten", meint Kathrin.
„Wie kommt es, dass die Blätter im Herbst
so bunt werden?", fragt Angelika.

15 „Jetzt im September saugen die Wurzeln
nicht mehr so viel Wasser aus der Erde",
erklärt Frau Schacherbauer. „Die Bäume müssen üben,
mit wenig Wasser auszukommen, denn im Winter
lässt der gefrorene Boden kein Wasser mehr durch.

20 Am meisten Wasser brauchen die Blätter, darum werfen
die Bäume sie im Herbst ab. Vorher holen sie aber noch
die wichtigsten Nährstoffe aus den Blättern heraus.
Ein wichtiger Nährstoff ist grün. Nun werden andere
Farbstoffe sichtbar, die durch den grünen Farbstoff

25 verdeckt waren, gelbe und rote Farbstoffe."
„Darum können wir jetzt so schöne bunte Blätter sammeln",
ruft Martin.

Barbara Cratzius

Warum werden die Blätter bunt?
Lies noch einmal die passende Stelle.

 Bilder aus getrockneten Blättern

Du brauchst:
- getrocknete Blätter
- Papier
- Kleber
- Wackelaugen
- Filzstifte

So geht's:

Sieh dir deine Herbstblätter genau an. Bestimmt fällt dir
schnell etwas ein, was du aus dem Blatt machen willst.
Hat dein Blatt zum Beispiel Zacken, kannst du leicht einen
Igel daraus machen. Beim Aufkleben gehe vorsichtig mit den
getrockneten Blättern um, weil sie leicht brechen. Male die
fehlenden Teile, wie Flügel und Beine, mit Filzstift dazu.
Wackelaugen sehen besonders lustig aus. Wenn du keine
hast, kannst du die Augen auch malen. Außer Tieren kannst
du auch Blumen, Männchen oder Anderes gestalten.

✳ Siebenschläfer

Es ist Herbst. Saskia fährt mit den Großeltern
übers Wochenende in das Ferienhaus am Stadtrand.
Das kleine Holzhaus liegt in der Nähe eines Waldes.
Gleich in der ersten Nacht wird Saskia
5   von seltsamen Geräuschen geweckt.
In der Holzdecke über ihr knackt und trampelt es.
Saskia hält den Atem an: Einbrecher,
die über das Dach kommen!
Saskia schlüpft
10   aus dem Bett und läuft
ins Schlafzimmer
der Großeltern.
Sie schubst Großvater.
„Au-aufwachen!
15   Einbrecher am Dach!", stottert sie.
„Aber nein!", grunzt Großvater verschlafen.
„Das ist nur der Siebenschläfer! Hier herein,
kleiner Angsthase!" Großvater hält seine Decke
in die Höhe, Saskia schlüpft darunter.
20   „Siebenschläfer?", fragt sie und schmiegt sich
an Großvaters Rücken.
„Ja, er ist schon seit Sommer da!", murmelt Großvater
und schläft wie Saskia gleich wieder ein.

Am nächsten Tag sucht Großvater den Rand des Daches
25   nach Öffnungen ab. Aber er hat schon alle zugenagelt
oder mit Sprühschaum verschlossen.
„Keine Ahnung, wo der Siebenschläfer noch immer
unter das Dach schlüpft", brummt er.
„Gesehen haben wir ihn noch nie."

30 Großmutter zeigt Saskia das Bild eines Siebenschläfers
in einem Tierlexikon.
„Oh, der ist aber lieb!", findet Saskia.
Als sie in der kommenden Nacht wieder
das Trampeln über sich hört,
35 stellt sie sich den Siebenschläfer dazu vor.
„Ruhe dort oben!", sagt sie lächelnd und schläft wieder ein.

Am nächsten Tag regnet es und der Wind wirbelt
die Blätter durch den Garten. In der letzten Nacht
im Ferienhaus bleibt es still über Saskias Bett.

40 „Wo ist unser Siebenschläfer hingekommen?",
fragt Saskia Großmutter auf der Heimfahrt.
„Es ist kalt geworden", meint Großmutter.
„Der Siebenschläfer gräbt jetzt sicherlich
an einer Höhle im Waldboden. Bald wird er sich
45 darin zusammenrollen, um den Winter zu verschlafen."
„Sehr vernünftig!", nickt Saskia.

Susanne Riha

Finde die Stelle im Text, wo erklärt wird, was
der Siebenschläfer im Winter macht. Überlege,
was dies mit seinem Namen zu tun haben könnte.

⭐ Der erste Schnee

Keiner kann es hören,
wie die weißen Flocken
sich ganz still und locker
aufeinanderhocken.

Keiner kann es hören,
es ist kaum zu sehen,
wie die weißen Flocken
wieder schnell vergehen.

Alfons Schweiggert

Male dein Winterbild.

⭐ Eis

Am Fenster blüht der Eiskristall
in seiner kalten Pracht.
Sogar der große Teich fror zu
in der vergangnen Nacht.

Der Atem fliegt aus meinem Mund
wie Rauch aus dem Kamin.
Ich stelle meinen Kragen auf
und stapfe stumm dahin.

Die Bäume sind so dick vermummt,
die ganze Welt ist weiß.
Was werden wohl die Fischlein tun,
die Fischlein unterm Eis?

Vera Ferra-Mikura

⭐ Schneekristall

Ein Schneekristall lag
mir auf der Hand, ewig schön,
eine Sekunde.

Josef Guggenmos

☆ Die kleine Birke

„Wir sollten uns allmählich auf den Winter
vorbereiten", sagt die Buche. „Mit dem nächsten
Windstoß bekommst du von mir Laub, damit es dich
ringsum bedeckt. So bist du gut geschützt. Sowieso gibt

5 es nicht allzu viel zu sehen um diese Jahreszeit.
Die Natur arbeitet jetzt ganz, ganz langsam und
bereitet sich auf das nächste Frühjahr vor.
Vielleicht schläfst du auch ein wenig."
„Ich will nicht schlafen", sagt die kleine Birke trotzig.

10 „Ich will wach bleiben und den Schnee sehen. Hast
du nicht gesagt, dass es besonders schön sein soll,
wenn es schneit? Dass es dann aussieht, als wäre alles
wie von einem großen weißen Tuch bedeckt? Und dass
es überall glitzert, wenn die Sonne darauf scheint?"

15 „Ja, es ist sehr schön im Winter. Und still. Im Schnee
kann man die Spuren der Tiere sehen. Die Schritte
der Vögel sehen aus, als hätten sie mit ihren
zarten Füßen Zeichen in den Schnee geschrieben. –
Ich werde dich wecken, wenn es soweit ist."

20 Und nachdenklich, als wäre sie in ihren Gedanken schon
dort, sagt die Buche ruhig: „Wenn der Schnee fällt und
die Wintersonne scheint, dann werde ich dich wecken."
Und während die kleine Birke sich vorstellt, wie das alles
sein wird, beginnt sie müde zu werden und schläft ein.

25 Dezember. Die Luft ist kalt und klar. Durch die kahlen,
dunklen Zweige schimmert orangerot das Licht der Wintersonne.
Die Luft riecht schon nach Schnee. Bald wird es schneien.

Marianne Hofmann

★ Schneematsch und Schneequatsch

Schnee
Schneemann
Schneemannbauch

Schnee
Schneehase
Schneehasenfuß

Schnee
Schneeball
Schneeballschlacht

Schnee
Schneeschaufel
Schneeschaufelstiel

Schnee
Schneeflocken
Schneeflockengewimmel

Schnee
Schneematsch
Schneematschpfütze

Schneeherr oder Schneemann?
Schneeregen oder Schneesonne?
Schneesturm oder Schneewurm?
Schneeball oder Schneeei?
Schneezug oder Schneepflug?
Schneewippe oder Schneeschippe?
Schneeburg oder Schneekeller?
Schneesocken oder Schneeflocken?
Schneeschuhe oder Schneepantoffel?
Schneeketten oder Schneebetten?
Schneeeule oder Schneebeule?
Schneenase oder Schneehase?
Schneekugel oder Schneenudel?
Schneepraline oder Schneelawine?
Schneebesen oder Schneeschrubber?
Schneequatsch oder Schneematsch?

Schnee
Schneeanzug
Schneeanzugreißverschluss

Schnee
Schneeeule
Schneeeulenohr

Gabriele Roß

 Welche Schneewörter gibt es wirklich?

⭐ Fröhliche Weihnachten

Treffen sich zwei Weihnachtsmänner,
sagt der eine: „Dieses Jahr ist
Weihnachten an einem Freitag."
Sagt der andere: „Hoffentlich nicht
an einem Dreizehnten!"

Warum kommt
der Weihnachtsmann
in Amerika manchmal
erst zu Ostern?

weil er im Kamin
steckengeblieben ist

„Ach, Omi, die Trommel
von dir war wirklich mein
schönstes Weihnachtsgeschenk."
„Tatsächlich?", freut sich Omi.
„Ja, Mami gibt mir jeden Tag
einen Euro, wenn ich nicht
darauf spiele!"

„Ich habe meinem Vater
zu Weihnachten so viel
geschenkt, dass er es nicht
auf einmal tragen kann!"
„Und – was denn?"
„Zwei Krawatten."

Wo kommt
Silvester vor
Weihnachten?

im Wörterbuch

Das Jahr ist wie ein Buch 105

Das gereimte Jahr

Tritt frisch und klar ins neue Jahr.
Nur Gutes wünsche allen,
und rodle durch den Januar,
solang die Flocken fallen.

5 Der Februar bringt Schnee und Matsch.
Da ist's daheim am besten.
Doch gehst du aus mit pitsch und patsch,
trag dicke Schuh und Westen.

Beim ersten Sonnenschein im März
10 schau wie die alte Erde
mit Primelaugen* sommerwärts,
damit auch Sommer werde.

Der Baum hat Knospen im April.
Die darfst du niemals rupfen;
15 denn Blatt und Blüte wachsen still
aus solchen grünen Tupfen.

Sing mit dem Mai ein Frühlingslied,
wenn all die Knospen springen,
denn wenn es duftet, grünt und blüht,
20 dann muss man einfach singen.

Im Juni ist der Himmel hoch,
die Luft ist lind und labend.
Da spielst du auf der Straße noch
am hellen warmen Abend.

25 Im Licht des Juli-Himmelblaus
kannst du wie Spatz und Meisen
im Garten oder vor dem Haus
stets spielen oder speisen.

Im warmen, prächtigen August,
30 wenn dunkelgrün der Wald wird,
dann bade, spiel und toll mit Lust,
bevor es wieder kalt wird.

Bleib heiter, wenn der Nebel wallt
im goldenen September.
35 Noch ist es nicht so bitterkalt
wie später im November.

Oktober ist Kastanienzeit.
Da kannst du viele Sachen
zu Hause in Gemütlichkeit
40 aus den Kastanien machen.

Gib Obacht*, wenn von Norden her
Novemberwinde pusten,
sonst liegst du unter Decken schwer
und fieberst und musst husten.

45 Doch den Dezember fürchte nicht.
Hab diesen Monat gerne:
Da leuchtet ja das Weihnachtslicht,
und Neujahr ist nicht ferne.

James Krüss

In welchem Monat hast du Geburtstag?
Lerne die passende Strophe auswendig.

Stichwortverzeichnis

Wörterverzeichnis (Glossar)

Abkalbstall dort bekommen Kühe ihre Kälber

Acht geben aufpassen

Bangen Angst

Bibliothekarin Frau, die in einer Bücherei arbeitet

Bullenkalb gerade geborener Ochse

Daunendecke Decke mit wärmenden Federn

dreschen Körner aus den Ähren herausschlagen

Dschungel Urwald

Fräse Werkzeug, das Rillen macht

Gallensteine kleine Steinchen, die sich im Körper bilden können

Garn Schnur, Faden

gellend lautstark

Grapefruit Südfrucht

Inuit Ureinwohner der Arktis

jonglieren in der Luft halten

Karawane Reisende, die mit Kamelen oder Pferden unterwegs sind

Karriere gute Entwicklung im Beruf

Katastrophe schlimmes Ereignis

Knödel Kloß

Kobold Naturgeist in der irischen Märchenwelt

Kokosmilch Flüssigkeit aus dem Fruchtfleisch der Kokosnuss

Kurfürst einer der höchsten Fürsten

Obacht Gib Obacht! = Pass auf!

offenkundig erkennbar

Pantoffeln Hausschuhe

Pension kleines familiäres Hotel

Pfund Gewicht: 500 Gramm

Porträt Bild oder Foto einer Person

Primel Frühlingsblume

Proviant Essen und Trinken

Radau Krach

Rapspflanze gelb blühende Feldpflanze, aus der man Öl gewinnt

rühmen angeben

Ruß schwarzes Pulver, das beim Verbrennen entsteht

Samt ein weicher, teurer Stoff

Sauerstoff chemisches Element, das wir zum Atmen brauchen

Schleifpapier raues Papier, mit dem man Oberflächen glättet

schlemmen etwas Leckeres essen

Skatspiel Kartenspiel

spendieren kostenlos zur Verfügung stellen

Stürmer Spieler im Angriff

Tango lateinamerikanischer Tanz

Ton besondere Erde

Turnier Wettkampf

Tuschkasten Farbkasten

verderben kaputtgehen

vertilgen essen

Wasserpegel Wasserstand

Wohlstand Reichtum

Quellenverzeichnis

Textquellen

6 Bydlinski, Georg: Das Gnu im linken Fußballschuh. Boje Verlag (Bastei-Lübbe), Köln 2014 | **7** Ich und du und Müllers Kuh und 1000 Kaffeebohnen: Das große Max-Kruse-Buch. Hrsg. von Renate Raecke. Köln: Boje Verlag 2011 | **8** Das große Buch der Kinderreime: Die schönsten Kinderreime aus alter und uralter Zeit / aufgesammelt, sowie evtl. ganz neu dazuerfunden und bunt ill. von Janosch. Zürich: Diogenes Verlag AG 1984 | **9** Jatzek, Gerald: Rabauken-Reime. St. Pölten; Salzburg: Residenz-Verlag 2011 | **10** Manz, Hans: Die Welt der Wörter: Sprachbuch für Kinder und Neugierige. Weinheim: Beltz & Gelberg 1991 | **11** Schreiber-Wicke, Edith: Dem Einfall fiel es plötzlich ein … [Sprachspielereien]. Wien; München: Verlag Jungbrunnen 1995 | **12** Sparschuh, Jens (Hrsg.): Firlefanz – ganz und gar und gar und ganz: Sinn- und Unsinnsgedichte. Berlin: Tulipan Verlag 2012 | **12** Sparschuh, Jens (Hrsg.): Firlefanz – ganz und gar und gar und ganz: Sinn- und Unsinnsgedichte. Berlin: Tulipan Verlag 2013 | **12** Morgenstern, Christian: Sämtliche Dichtungen. Basel: Zbinden Verlag 1978 | **13** Klein, Horst: Haltet den Die!: Das verrückte ABC der geklauten Buchstaben. Leipzig: Klett Kinderbuch 2016 | **14** Nitsch, Cornelia: Lili Laus. In: Das große Buch der Kinderreime. München: Bassermann Verlag 2008 | **14** Nitsch, Cornelia: Das Stachelschwein. In: Das große Buch der Kinderreime. München: Bassermann Verlag 2008 | **14** Nitsch, Cornelia: Wettrennen. In: Das große Buch der Kinderreime. München: Bassermann Verlag 2008 | **14** Nitsch, Cornelia: Hasenjagd. In: Das große Buch der Kinderreime. München: Bassermann Verlag 2008 | **15** Nitsch, Cornelia: Fingerfische. In: Das große Buch der Kinderreime. München: Bassermann Verlag 2008 | **15** Guggenmos, Josef: Förster Franz. In: Ravensburger Kinderjahr: Geschichten, Bilder, Rätsel, Spiele, Basteleien und vieles mehr. Hrsg. von Dorothée Kreusch-Jacob. Ravensburg: Ravensburger Buchverlag Otto Maier 1991 | **16** Kappe, Alena: Nochmal. In: „Das schönste deutsche Wort“: Eine Auswahl der schönsten Liebeserklärungen an die deutsche Sprache. Hrsg. von Jutta Limbach. Ismaning: Hueber Verlag 2005 | **16** Briechle, Claudia: Bad. In: „Das schönste deutsche Wort“: Eine Auswahl der schönsten Liebeserklärungen an die deutsche Sprache. Hrsg. von Jutta Limbach. Ismaning: Hueber Verlag 2005 | **16** Schultze, Isabell: Sommerregen. In: „Das schönste deutsche Wort“: Eine Auswahl der schönsten Liebeserklärungen an die deutsche Sprache. Hrsg. von Jutta Limbach. Ismaning: Hueber Verlag 2005 | **17** Tilman: Quatsch. In: „Das schönste deutsche Wort“: Eine Auswahl der schönsten Liebeserklärungen an die deutsche Sprache. Hrsg. von Jutta Limbach. Ismaning: Hueber Verlag 2005 | **17** Wiese, Sylwan: Libelle. In: „Das schönste deutsche Wort“: Eine Auswahl der schönsten Liebeserklärungen an die deutsche Sprache. Hrsg. von Jutta Limbach. Ismaning: Hueber Verlag 2005 | **18** Giménez de Ory, Beatriz: Los versos del libro tonto. Deutsch von Ilse Layer. In: Arche Kinderkalender 2014 – Mit 53 Gedichten und Bildern aus der ganzen Welt. Arche: Zürich Hamburg 2013 | **19** Grosche, Erwin: Der Badewannenkapitän: Gedichte und Geschichten für Kinder. München: Deutscher Taschenbuch-Verlag 2002 | **20** Das farbige Rätselbuch für Kinder: Auf dem Bauernhof. Scheidegg: Media Verlagsgesellschaft mbH o. J. | **21** Das farbige Rätselbuch für Kinder: Auf dem Bauernhof. Scheidegg: Media Verlagsgesellschaft mbH o. J. | **22/23** Wittkamp, Frantz: Wenn der Bär nach Hause kommt. In: Hans-Joachim Gelberg (Hrsg.): Überall und neben dir: Gedichte für Kinder und Erwachsene. Weinheim: Beltz & Gelberg 2011 | **24** Vahle, Frederik: Märchenreise. In: Dagmar Binder (Hrsg.): Zwergenspeis und Räuberschmaus: Geschichten, Lieder und Rezepte aus dem Reich der Märchen. Düsseldorf: Patmos Verlag 2000 | **25** Maar, Paul: Schiefe Märchen und schräge Geschichten. Hamburg: Verlag Friedrich Oetinger 2016 | **26** Hoffmann, Paul: Hänsel und Gretel, aus: Lied und Spiel. Neue Singspiele für die Jugend, DVA, Halle a. S. 1907 | **27** Maar, Paul: Schiefe Märchen und schräge Geschichten. Hamburg: Verlag Friedrich Oetinger 2016 | **27** Ende, Michael: Ein sehr kurzes Märchen. In: Hans-Joachim Gelberg (Hrsg.): Überall und neben dir: Gedichte für Kinder. Weinheim: Beltz & Gelberg 2011 | **32** Armando: Sämtliche Märchen. Aus dem Niederländ. von Mirjam Pressler und Marlene Müller-Haas. München: Deutscher Taschenbuch-Verlag 2005 | **33** Steinkellner, Elisabeth: Wer fürchtet sich vorm lila Lachs? Märchen. Wien: Luftschaft-Verlag 2013 | **34/35** Reime – Gedichte – Geschichten für den Kindergarten. Berlin: Volk und Wissen Verlag VEB 1974 | **36/37** Andersen: Hans Christian. Sämtliche Dichtungen. Cyprus: Lechner Publishing Ltd. Limassol 1994 | **38** Hohler, Franz: Es war einmal ein Igel: Kinderverse. München: Hanser Verlag 2011 | **38** Fabeln aus aller Welt. Ill. von Karsten Teich. Ort: Berlin; Verlag: Tulipan-Verlag, 2012, S. 51 | **39** Das fliegende Kamel: Geschichten von Nasreddin Hodscha. Neu erzählt von Paul Maar. Hamburg: Verlag Friedrich Oetinger 2010 | **40/41** Maar, Paul (Hrsg.): Östlich der Sonne und westlich vom Mond: Die schönsten Kindergeschichten. Berlin: Aufbau-Verlag 2006 | **42/43** Maxeiner, Alexandra: Alles Familie!: Vom Kind der neuen Freundin, vom Bruder von Papas früherer Frau und anderen Verwandten. Leipzig: Klett Kinderbuch 2011 | **44/45** Peters, Friederike: Tor auf!: Im Inneren von Burgen und Schlössern. Berlin: Ueberreuter Verlag 2015 | **46/47** Köller, Kathrin: Wild! Tierisches vom Tiger bis zum Känguru. Berlin: Ueberreuter Verlag 2015 | **48/49** Thoma, Patricia: Willkommen in Deutschland. Berlin: Jacoby und Stuart 2016 | **50/51** Maiwald, Armin: Wie funktioniert das eigentlich? München: cbj 2011 | **52** Landwehr, Sabine: Was ist ein Faulpelz? Kann man in einem Iglu kochen? Warum ist die Erde ein besonderer Planet? In: Die 1000 interessantesten Kinderfragen: Was Kinder wirklich wissen wollen. München: Compact Verlag 2009 | **54/55** Schwendemann, Andrea: Retter im Einsatz. Ravensburg: Ravensburger Buchverlag Otto Maier GmbH 2014 | **56/57** Laarmann, Brigitte: Wir Kinder vom Hof: Entdeckt mit uns die Landwirtschaft. Münster: Landwirtschaftsverlag 2015 | **58/59** Schermer, Eva: Kunst aus der Dose. In: LUX – Das Magazin für helle Köpfe. Die Schülerzeitschrift für Unterricht und Freiheit. Innsbruck: Jungösterreich Zeitschriftenverlag 2016 | **60/61** Maar, Paul: Das Sams und der blaue Wunschpunkt. Hamburg: Verlag Friedrich Oetinger 2011 | **62/63** Siegner, Ingo: Der kleine Drache Kokosnuss: Die Mutprobe. München: cbj 2015 | **64/65** Hasler, Eveline: Hexe Lakritze. Reinbek bei Hamburg: Rowohlt Verlag 2015 | **66** Härtling, Peter: Sofie macht Geschichten. Weinheim: Beltz & Gelberg 1987 | **67–69** Parvela, Timo: Pekkas geheime Aufzeichnungen – die Wunderelf. München: Hanser-Verlag 2016 | **70/71** Orths, Markus: Das Zebra unterm Bett. Frankfurt a. M.: Moritz-Verlag 2015 | **72/73** Nöstlinger, Christine: Schulgeschichten vom Franz. Hamburg: Verlag Friedrich Oetinger 2013 | **74/75** Lindgren, Astrid: Die Kinder aus der Krachmacherstraße. Deutsch von Thyra Dohrenburg. Hamburg: Verlag Friedrich Oetinger 1992 | **76/77** Boie, Kirsten: Bestimmt wird alles gut. Leipzig: Klett Kinderbuch 2016 | **78/79** Hula, Saskia: Ein Denkmal für Frau Hasenohr. Innsbruck: Obelisk Verlag 2016 | **80/81** Colfer, Eoin: Tim und das Geheimnis von Knolle Murphy. Aus dem Engl. von Brigitte Jakobeit. Weinheim: Beltz & Gelberg 2009 | **82/83** Dahl, Roald: Ottos Geheimnis. Deutsch von Sybil Gräfin Schönfeldt. Reinbek bei Hamburg: Rowohlt-Taschenbuch-Verlag 2010 | **84** Ecker, Christopher: wo ist das wurstbrot? In: Anton G. Leitner (Hrsg.): Ein Känguru mit Stöckelschuh. München: Verlag St. Michaelsbund 2012 | **86** Heine, Helme: Der Hase mit der roten Nase. Weinheim: Beltz & Gelberg 2015 | **88/89** Lindgren, Astrid: Ronja Räubertochter. Deutsch von Anna-Liese Kornitzky. Hamburg: Verlag

Friedrich Oetinger 2013 | **90** Lins, Bernhard, Was der Sommer alles macht: Gedichte und Spaß zur Sommerzeit. Freiburg i. Br.: Verlag Herder GmbH 1991 | **91** Halbey, Hans Adolf, Urlaubsfahrt. In: Es wollt' ein Tänzer auf dem Seil den Seiltanz tanzen eine Wei.'. Aarau; Frankfurt a. M.: Sauerländer 1977 | **92/93** Bournay, Delphine: Krümel und Pfefferminz, allerbeste Freunde. Aus dem Franz. von Julia Süßbrich. München: Hanser Verlag 2013 | **94** Baumbach, Martina: Sommer im Holunderweg. Stuttgart: Gabriel Verlag 2016 | **96** Werk: Rätsellied/ Melodie und Text: Kreusch-Jacob, Dorothée/Copyright: MUSICJUST-MUSIC GmbH, München | **97** Kreusch-Jacob, Dorothee: Kein Mensch sieht mich kommen. In: Ravensburger Kinderjahr: Geschichten, Bilder, Rätsel, Spiele, Basteleien und vieles mehr. Hrsg. von Dorothée Kreusch-Jacob. Ravensburg: Ravensburger Buchverlag Otto Maier 1991 | **97** Nitsch, Cornelia (Hrsg.): Das große Buch der Kinderreime: Über 400 klassische und neue Verse zum Vorlesen und Mitmachen. München: Bassermann Verlag 2008 | **98** Cratzius, Barbara: Uns gefällt die Herbstzeit: Neue Texte als Herbst-Überraschung im Kinderalltag. Freiburg i. Br.: Verlag Herder GmbH 1994 | **100/101** Riha, Susanne: Schlaft gut, bis der Frühling kommt: Winterschlaf und Winterruhe. Berlin: Betz Verlag 2015 | **102** Schweiggert, Alfons: Der erste Schnee. In: Kindergedichte rund ums Jahr. Niederhausen/Ts.: Falken Verlag 1989 | **102** Ferra-Mikura, Vera: Eis. In: Lustig singt die Regentonne. Wien: Jungbrunnen Verlag 1973 | **102** Guggenmos, Josef: Schneekristall. In: Hans-Joachim Gelberg (Hrsg.): Überall und neben dir: Gedichte für Kinder und Erwachsene. Weinheim: Beltz & Gelberg 2011 | **103** Hofmann, Marianne: Die kleine Birke: Eine Jahreszeitengeschichte. München: Hanser Verlag 2011 | **104** Roß, Gabriele: Mein Mi-Ma-Mitmachbuch vom Winter: Geschichten und Lustige Sachen zum Spielen und Selbermachen. Augsburg: Pattloch Verlag 1999 | **106/107** Krüss, James: Der wohltemperierte Leierkasten: Gedichte für Kinder, Erwachsene und andere Leute. München: cbj 2013

Bildquellen

7 Ich und Du und Müllers Kuh und 1000 Kaffeebohnen. Das große Max-Kruse-Buch. Renate Raecke (Herausgeberin), Christine Brand (Illustratorin), Boje Verlag in der Bastei Lübbe, Köln, 2011 | **9** Gerald Jatzek: Rabaukenreime. © G & G Verlagsgesellschaft mbH, Wien 2011 | **10** Fingerabdruck, Punkt und Strich – Zeichenspaß auf Fingerabdrücken. Edition Michael Fischer, Igling, 2015 | **12 mi.** Firlefanz – ganz und gar und gar und ganz: Sinn- und Unsinnsgedichte, mit Bildern von Susanne Strasser, Hrsg. von Jens Sparschuh. Tulipan Verlag GmbH München, 2012; **u.** Dunkel war's der Mond schien helle: Verse, Reime und Gedichte. Gesammelt von Edmund Jacoby. Illustriert von Rotraut Susanne Berner. 2016 Gerstenberg Verlag, Hildesheim | **13** Horst Klein: Haltet den Die! Das verrückte ABC der geklauten Buchstaben. 2016 By Klett Kinderbuch, Leipzig | **16** Mike Watson Images Limited., 2006 | **17** Fotolia/ Kurt Nägele | **19** König bin ich gerne: Geschichten und Gedichte für Kinder, Illustrationen Dagmar Geisler, cbj, München, 2006 | **23** Der Rabe auf dem Meilenstein. Balladen und Erzählgeschichten. Der Rabe auf dem Meilenstein: Balladen und Erzählgedichte / hrsg. von Sybil Gräfin Schönfeldt. Mit Bildern von Willi Glasauer Tulipan Verlag GmbH München, 2015 | **25, 27** Schiefe Märchen und Schräge Geschichten. Von Paul Maar, Illustrationen: Panajotis Danianis. Verlag Friedrich Oetinger, Hamburg 2015 | **31** Shutterstock/ TravnikovStudio | **33** Wer fürchtet sich vorm Lila Lachs? Märchen. Illustration: Michael Rohrer, Wien; Verlag: Luftschacht-Verl. 2013 | **38** Es war einmal ein Igel: Kinderverse. Von Franz Hohler, Illustration: Kathrin Schärer. Carl Hanser Verlag, München 2011 | **42/43** Alexandra Maxeiner: Alles Familie! Mit Illustrationen von Anke Kuhl. 2016 by

Klett Kinderbuch Leipzig | **44** Schlösser and Sachsen/Ina Klee | **45 o.** culture-images GmbH/Schlösserland Sachsen/Uwe A. Oster; **mi.** Schlösserland Sachsen/Schlösserland Sachsen; **u.** Schlösserland Sachsen/Dietmar Berthold | **46 o.** magc stock&people; **u.** Fotolia/ lukas555 | **47 o.** Mikhail Kusayev; **u.** Nattaran Srisut | **48/49** Willkommen in Deutschland. Herausgegeben von Patricia Thoma. 2016 Verlagshaus Jacoby & Stuart, Berlin | **50/51** Aus: Frag doch mal die Maus. Wie funktioniert das eigentlich? Sachgeschichten mit Armin Maiwald, München, cbj, 2009. © Flash Film GmbH | **54 o.** Fotolia/ Hieronymus Ukkel; **mi. li.** Fotolia/ JRD; **mi.** Fotolia/joern_gebhardt; **mi.re.** Fotolia/Matze; **u.** Shutterstock / Gerardo C. Lerner | **55 o.** Fotolia/md3d; **u.** Fotolia/Bildgigant | **56 o.** Your_Photo_Today; **u.** Ramona Heim | **57 o.** Fotolia/gebut; **m.** Shutterstock/ Franck Boston; **u.** Fotolia/Countrypixel | **58 o.** Allstar Picture Library/Allstar Picture Library, **mi. li.** WAG17557 Campbell's Soup, 1968 (screenprint) by Warhol, Andy (1930–87); 87.5 × 61.5 cm; © Wolverhampton Art Gallery, West Midlands, UK; American, in copyright until 2058; **mi re.** IMA247065 Chicken Noodle (screenprint) by Warhol, Andy (1928–87); 88.9 × 58.9 cm; Indianapolis Museum of Art, USA; Gift of the Alliance of the Indianapolis Museum of Art; **u. li** BAL23922 Campbell's Soup Can, 1962 (screen print) by Warhol, Andy (1930–87); Saatchi Collection, London, UK; American, in copyright until 2058; **u. re.** CH987058 Campbell's Soup Can (Beef Consomme), 1962 (synthetic polymer and graphite on canvas) by Warhol, Andy (1928–87); 50.8 × 40.6 cm; Private Collection. Alle Motive: © The Andy Warhol Foundation for the Visual Arts, Inc. / Artists Rights Society (ARS), New York | **59** Andy Warhol: „Marilyn Monroe", 1967. akg-images GmbH/akg-images, © The Andy Warhol Foundation for the Visual Arts, Inc. / Artists Rights Society (ARS), New York. u. Andy Warhol: Gemälde der Ausstellung „Children/Toy Paintings", Galerie Bruno Bischofberger Zürich, 3. Dezember 1983 – 10. März 1984 | **60/61** Paul Maar: Das Sams und der blaue Wunschpunkt. Verlag Friedrich Oetinger, Hamburg 2015 | **62/63** Der kleine Drache Kokosnuss. Die Mutprobe / Ingo Siegner, cbj Verlag, München 2015 | **64/65** Illustrationen von Hans Poppel, aus: Eveline Hasler „Hexe Lakritze", Copyright (C) für die Illustrationen 1981 Rowohlt Verlag GmbH, Reinbek bei Hamburg | **66** Peter Härtling, Sofie macht Geschichten. © 1980, 1987 Beltz & Gelberg in der Verlagsgruppe Beltz · Weinheim Basel | **67–69** Pekkos geheime Aufzeichnungen. Die Wunderelf / Timo Parvela; Anu Stohner, Nina Stohner, Carl Hanser Verlag, München 2016 | **70/71** Ill von Kerstin Meyer aus Markus Orths, Das Zebra unterm Sofa. © 2013 Moritz Verlag, Frankfurt am Main | **72/73** Erhard Dietl: Schulgeschichten vom Franz, © Verlag Friedrich Oetinger, Hamburg 2013 | **74/75** Ilon Wikland: Wir Kinder aus der Krachmacherstraße, © Verlag Friedrich Oetinger, Hamburg 1992 | **75/77** Kirsten Boie: Bestimmt wird alles gut. Mit Illustrationen von Jan Birck. © 2016 by Klett Kinderbuch, Leipzig | **78/79** Ein Denkmal für Frau Hasenohr / Saskia Hula mit Illustrationen von Susanne Göhlich, Obelisk Verlag, Innsbruck 2016 | **80/81** Eoin Colfer, Tim und das Geheimnis von Knolle Murphy. © 2005,2009 Betz & Gelberg in der Verlagsgruppe Beltz Weinheim Basel | **82/83** Ottos Geheimnis / Roald Dahl. Dt. von Sybil Gräfin Schönfeldt. Mit Ill. von Quentin Blake Rowohlt-Taschenbuch-Verlag, Reinbek bei Hamburg 2010, © A P Watt at United Agents on behalf of Quentin Blake | **85 li.** Fotolia/ M. Schuppich; **mi.** Fotolia/Kzenon; **re.** INTERFOTO/imageBROKER / Ulrich Niehoff | **86** Helme Heine, Der Hase mit der roten Nase. © 1987, 2004 Beltz & Gelberg in der Verlagsgruppe Beltz, Weinheim Basel | **87** Susanne Semelka, Donaueschingen | **92/93** Krümel und Pfefferminz / Illustration: Delphine Bournay, Carl Hanser Verlag, München 2013 | **95** Fotolia/ Eddie | **99** Susanne Semelka, Donaueschingen

Lolas Lesebuch-Quiz

Finde die richtigen Antworten im Lesebuch.

Notiere in deinem Heft die Lösungsbuchstaben.

Zusammengesetzt ergeben die Buchstaben ein Wort.

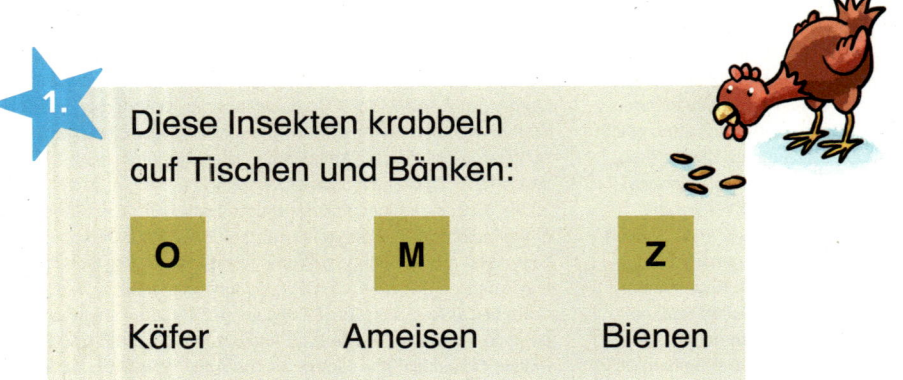

1. Diese Insekten krabbeln auf Tischen und Bänken:

O	M	Z
Käfer	Ameisen	Bienen

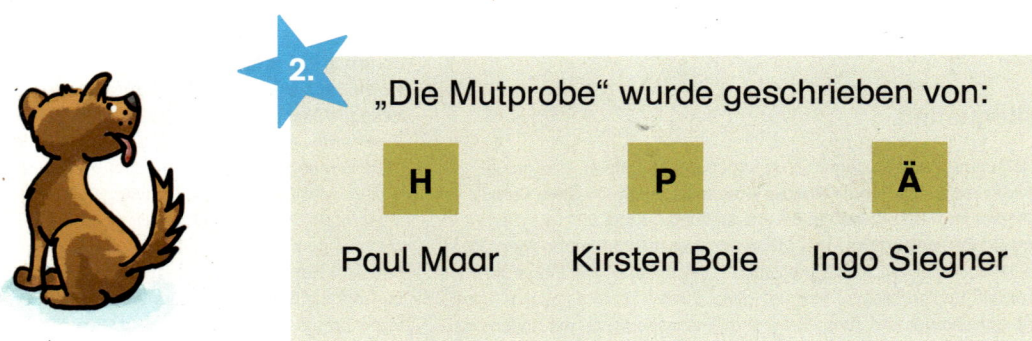

2. „Die Mutprobe" wurde geschrieben von:

H	P	Ä
Paul Maar	Kirsten Boie	Ingo Siegner

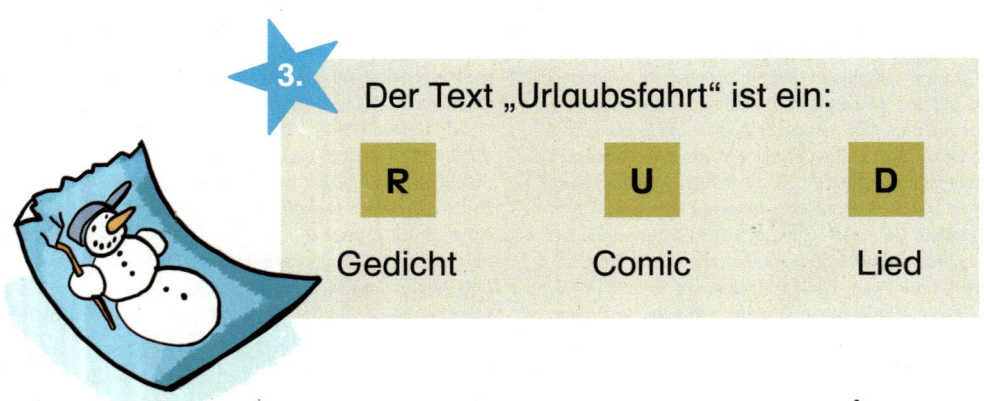

3. Der Text „Urlaubsfahrt" ist ein:

R	U	D
Gedicht	Comic	Lied